Für Sudhir
Du machst mein Leben zu etwas ganz Besonderem
In Liebe, Regina

Autorin

Regina Gurram, Jahrgang 1964, ist verheiratet und hat drei Söhne.
Sie lebt mit ihrer Familie am Rand des Sauerlands, in Menden.
Regina Gurram schreibt seit vielen Jahren Tagebuch.
Das vorliegende Buch ist aus diesen Aufzeichnungen entstanden.

Regina Gurram

Die Frau mit den Gräsern

… oder wie ich herausfand, ob ich eine Schamanin bin

Impressum

1. Auflage 2015
Autorin: Regina Gurram
Foto Umschlag: © Dirk Niggemann
Gestaltung: Carine Wiebe – Mediengestalterin

Printed in Germany

Verlag: tao.de, Bielefeld · www.tao.de · eMail: info@tao.de

Bibliografische Information der Deutschen Nationalbibliothek
Die Deutsche Nationalbibliothek verzeichnet diese Publikation in der Deutschen Nationalbibliografie; detaillierte bibliografische Daten sind im Internet über http://dnb.d-nb.de abrufbar.

ISBN Paperback 978-3-95802-760-2
ISBN Hardcover 978-3-95802-761-9
ISBN eBook 978-3-95802-762-6

„Wir machen keine neuen Erfahrungen.
Aber es sind immer neue Menschen,
die alte Erfahrungen machen." [(1)]

Rahel Varnhagen

Inhalt

Statt eines Vorworts

Es ist für mich nicht wichtig,
womit Du Deinen Lebensunterhalt verdienst.
Ich möchte wissen, wonach Du innerlich schreist
und ob Du zu träumen wagst, der Sehnsucht
Deines Herzens zu begegnen.

Es ist für mich nicht wichtig, wie alt Du bist.
Ich möchte wissen, ob Du es riskierst, wie ein Narr auszusehen,
um Deiner Liebe willen, um Deiner Träume willen
und für das Abenteuer des Lebendigseins.

Es ist für mich nicht wichtig, welche Planeten im Quadrat
zu Deinem Mond stehen.
Ich möchte wissen, ob Du den tiefsten Punkt
Deines Lebens berührt hast,
ob Du geöffnet worden bist von all dem Verrat,
oder ob Du zusammengezogen und verschlossen bist
aus Angst vor weiterer Qual.

Ich möchte wissen, ob Du mit dem Schmerz
– meinem oder Deinem – da sitzen kannst,
ohne zu versuchen, ihn zu verbergen oder zu mindern
oder ihn zu beseitigen.

Ich möchte wissen, ob Du mit der Freude
– meiner oder Deiner – da sein kannst,
ob Du mit Wildheit tanzen kannst,
von den Fingerspitzen bis zu den Zehenspitzen
erfüllt mit Begeisterung, ohne uns zur Vorsicht zu ermahnen,
zur Vernunft,
oder die Grenzen des Menschseins zu bedenken.

Es ist für mich nicht wichtig, ob die Geschichte,
die Du erzählst, wahr ist.
Ich möchte wissen, ob Du jemanden enttäuschen kannst,
um Dir selber treu zu sein.
Ob Du den Vorwurf des Verrats ertragen kannst
und nicht Deine eigene Seele verrätst.

Ich möchte wissen, ob Du vertrauensvoll sein kannst
und von daher vertrauenswürdig.
Ich möchte wissen, ob Du die Schönheit sehen kannst,
auch wenn es nicht jeden Tag schön ist,
und ob Du Dein Leben aus der Kraft des Universums
speisen kannst.

Ich möchte wissen, ob Du mit dem Scheitern
– meinem und Deinem – leben kannst
und trotzdem am Rand des Sees stehen bleibst
und zu dem Silber des Vollmondes rufst: „Ja!“

Es ist für mich nicht wichtig, zu erfahren,
wo Du lebst und wie viel Geld Du hast.
Ich möcht wissen, ob Du aufstehen kannst nach
einer Nacht der Trauer und Verzweiflung,
erschöpft, und bis auf die Knochen zerschlagen,
und tust, was für die Kinder getan werden muss.

Es ist für mich nicht wichtig, wer Du bist
und wie Du hergekommen bist.
Ich möchte wissen, ob Du mit mir in der Mitte
des Feuers stehen wirst und nicht zurückschreckst.

Es ist für mich nicht wichtig, wo oder was
oder mit wem Du gelernt hast.
Ich möchte wissen, ob Du allein sein kannst und
in den leeren Momenten wirklich gern mit Dir zusammen bist.

Ich möchte wissen, was Dich von innen hält,
wenn sonst alles wegfällt. (2)

Oriah Mountain Dreamer

Der Ruf der Schamanen

Samstag, 6. März 2010

Auf einem Hügel standen drei große Tannen. Ich folgte einem Hirsch, der in Richtung der Bäume lief. Plötzlich verwandelte ich mich in einen Adler, der sich mit seinen mächtigen Schwingen erhob und über hohe Berge hinweg zu einem Plateau flog, auf dem Männer und Frauen auf rituelle Weise laut singend um ein Feuer tanzten. Sie waren nur spärlich in Tierfelle gehüllt.

Ich nahm wieder meine menschliche Gestalt an und versteckte mich hinter einem Stein, von wo aus ich das Treiben neugierig und aus unmittelbarer Nähe beobachten konnte. Ich hatte das Gefühl, als gehörte ich wie selbstverständlich zu dieser Gruppe. Zu gern hätte ich mich zu den Tanzenden gesellt. Allein der Gedanke, was meine Freunde und Bekannten von mir wohl denken mochten, wenn sie mich in solch einer Situation sehen könnten, hielt mich davon ab. Darüber wurde ich sehr traurig, denn ich fühlte mich von den Menschen am Feuer magisch angezogen. Dennoch traute ich mich nicht, mich ihnen zu nähern.

Der Gesang verstummte und Stille trat ein.

„Sie ist da", hörte ich einen Mann flüstern.

„Ich weiß", antwortete leise eine Frau, deren würdevolle Ausstrahlung verriet, dass sie in der Gruppe einen wichtigen Platz einnahm. Um den Hals trug sie eine Kette aus Steinen und Federn. „Gib ihr Zeit. Sie ist eine von uns, eine Schamanin."

Ich, eine Schamanin? Erschrocken fuhr ich aus meinem Traum hoch, der in aller Deutlichkeit vor mir stand. *Niemals,* dachte ich entsetzt. *Sind Schamanen nicht Wilde, die in blutigen Ritualen Tiere opfern und zu Rasselklängen und Trommelschlägen in Trance ekstatisch ums Feuer tanzen, um in Kontakt mit Geisterwelten zu treten?* So überlegte ich abfällig und ängstlich zugleich. *Nein, ich bin keine von denen!* Ich machte mir bewusst, dass ich das alles nur geträumt hatte. Überzeugt, nicht zu diesen Spinnern zu gehören, schlief ich erleichtert wieder ein.

Im Traum sah ich einen Adler – ich war dieser Adler. Friedlich zog ich hoch oben am Himmel gleitend meine Kreise. Ich war frei. Ich schwebte über Felder, Wiesen und Wälder und nahm andere Vögel wahr, die in geringerer Höhe flogen als ich. Am Boden bemerkte ich Menschen. Plötzlich fielen Schüsse und ich sah alle Vögel unter mir leblos wie Steine in die Tiefe stürzen.

Gefangen in meinem Traum wälzte ich mich unruhig im Bett hin und her.

Dann sah ich im Traum eine alte indianische Medizinfrau, auf deren Unterarm der Adler saß. Bekümmert erklärte sie dem Vogel, dass sie ihn jetzt töten müsse, damit er nicht als einziger Überlebender den Feinden in die Hände fiele.

„Es sei denn", wandte sie sich an mich, „du kümmerst dich um ihn."

Schweißgebadet schreckte ich aus dem Schlaf auf. Mir war kotzübel. Ich schaffte es gerade noch rechtzeitig aufs Klo, um mich zu erbrechen. Als mein Magen schon lange leer war, spuckte ich immer noch bittere Galle. Dann schleppte ich mich kraftlos ins Bett zurück, in meinem Kopf dröhnte jeder Herzschlag wie ein Presslufthammer.

Sonntag, 7. März 2010

Beim Aufwachen hatte ich einen steifen Nacken, und jede kleinste Bewegung tat mir höllisch weh. Ich wusste, dass mir jetzt nur Qi Gong helfen konnte. Lieber wäre ich mit meinem Schweinehund im warmen Bett geblieben, doch die Schmerzen trieben mich in die Kälte hinaus. Missgelaunt und jede überflüssige Bewegung vermeidend zog ich mich an und ging zu meinem Lieblingsplatz im Garten.

Unter dem Kirschbaum blieb ich stehen, schloss die Augen, atmete tief ein und konzentrierte mich auf die chinesische Übungsfolge mit dem Namen „Acht Brokate“. Nach jeder Übung wurde mein Körper lockerer, meine Laune besserte sich zusehends. Nach etwa 45 Minuten stand ich schmerzfrei und entspannt unter dem Kirschbaum und lauschte mit geschlossenen Augen dem Plätschern des kleinen Baches auf der anderen Seite des Gartenzauns. Plötzlich schien es mir, als würde aus dem Plätschern ein Rauschen – und aus dem Bach hinter mir ein wilder Fluss.

Ich nahm Indianer wahr, die um ein Feuer tanzten. Schnell öffnete ich die Augen und stellte beruhigt fest, dass um mich herum alles an seinem gewohnten Platz und niemand außer mir anwesend war. Neugierig geworden, schloss ich wieder meine Augenlider.

Sofort waren die tanzenden Indianer wieder da. Klar und deutlich hörte ich ihre Musik. Es dauerte nicht lange, da stampften meine Füße im Rhythmus der Trommeln. Dann wedelte ich mit den Armen, als wollte ich fliegen, und schüttelte mich am ganzen Körper. Von Zeit zu Zeit öffnete ich die Augen und beobachtete meine Körperbewegungen, auf die ich keinen Einfluss mehr zu haben schien. Ich war über mich selbst überrascht, denn die ganze Situation flößte mir überhaupt keine Angst ein.

Langsam begann mein Becken zu kreisen. Als ich durch leicht geöffnete Lider registrierte, dass die Rollläden vor den Fenstern der umliegenden Häuser noch heruntergelassen waren, war ich erleichtert, denn was sollten die Nachbarn von mir denken, wenn sie mich so sähen? Meine kreisenden Hüftbewegungen intensivierten und veränderten sich zu einer auf dem Bauch liegenden „Acht". Ich hatte das Gefühl, als dränge ich wie ein Bohrer bei jeder Runde tiefer in die Erde ein, bis ich eine rote Quelle erreichte. Da hielt ich in der Bewegung inne. Ich spürte, wie mein Unterleib warm wurde und wusste intuitiv: *Ich heile …*

Mit jedem Atemzug sog ich heilende Energie in meinen Körper ein. Mir schien, als kröchen in meiner Gebärmutter Schnecken über eine Wunde und verschlössen diese dabei mit ihrem Schleim. Nach einer Weile folgte ich dem Impuls, mein Becken in entgegengesetzter Richtung zu drehen. Der Bohrer schraubte sich wieder zurück zum Lagerfeuer mit den tanzenden Indianern. Eine alte Medizinfrau – ich kannte sie bereits aus meinem Traum – trat auf mich zu und bat mich, einen verletzten Adler gesund zu pflegen. Ich nickte.

Der Rhythmus der Trommeln wurde rasch schneller. Ich stampfte dazu mit den Füßen im Takt und sang leise ungewohnte Silben vor mich hin. Ich öffnete meine Augen und wunderte mich, wie schnell sich meine Füße bewegten. Gleichzeitig stellte ich beruhigt fest, dass ich mich noch immer unter dem Kirschbaum befand und kein Nachbar in den umliegenden Gärten zu sehen war. *Was ist los mit mir?*, dachte ich im tiefsten

Vertrauen, dass all das, was hier passierte, seine Richtigkeit hatte. Dann spürte ich nur noch, wie sich im zunehmenden Tempo meiner Füße, meine Gedanken wie im Nebel verloren.

Ich nahm wahr, dass aus dem Nebel eine alte Schamanin auf mich zukam. Sie war in Felle gehüllt und trug auf dem Kopf eine Federbedeckung – ihre Stirn lag unter den Augen und dem Schnabel eines Adlers. An ihrer Seite lief ein Hirsch, und über beiden flog ein Adler.

„Das sind deine Begleiter", sagte die Frau, bevor sie im Nebel verschwand.

Von der linken Seite kam aus einem hellen Licht eine junge Frau auf mich zu. Sie war in ein wallendes Gewand gekleidet und trug ihre langen Haare offen. Von rechts kommend erschien in einem ebensolchen Licht ein junger, muskulöser Indianer im Lendenschurz. Auch er kam zu mir und servierte mir zur Begrüßung auf einer Holzscheibe ein Stück rohe Leber. Die Frau legte mir einen Kranz aus Blumen und Gräsern um den Hals. Ich summte eine einfache Melodie und wiegte mich dazu. Dabei spürte ich, wie das Licht der beiden in mich einströmte. Friedvolle Kraft floss durch meinen Körper und ich weinte vor Glück.

Zurück unter dem Kirschbaum, bewiesen die Tränen auf meinen Wangen, dass ich das alles eben nicht geträumt hatte. Auf dem Weg ins Haus jagten in meinem Kopf die Gedanken hin und her, Fragen stiegen auf. *Warum habe ich bisher nie eine männliche und eine weibliche Kraft gespürt?* Ich begann, eingehender darüber nachzudenken. *Das Wissen um die Harmonie zwischen dem Männlichen und dem Weiblichen ist so alt wie die Menschheit selbst. Es gab eine Zeit, da wurde die Erde, die wir Mutter nennen, sowie alles Weibliche ebenso verehrt wie der Himmel, zu dem wir Vater sagen.*

Irgendwann aber änderte sich das. Männer schufen männliche Götter und zerstörten fast alles Weibliche. So waren es zum Beispiel Männer, die die Bibel schrieben. Männer fürchteten sich vor der weiblichen Kraft und diskriminierten die Frauen systematisch. Männliche Theologen erklärten, dass die Frau aus der Rippe des Mannes gemacht worden sei. Sie gaben Eva die Schuld an der Vertreibung aus dem Paradies, demnach war die Frau ein für allemal schuld an dem Unglück der Menschen. Männliche Autoritäten hielten die Frau für dumm und verantwortungslos, und sie verweigerten ihr viele Jahrhunderte lang den Zugang zu Bildung und Kunst.

Aber Eva hatte ganz bewusst von dem Apfel probiert. Sie war mutig genug, etwas Neues auszuprobieren, und sie ignorierte sogar Verbote. Selbst von Gott wollte sie sich nichts vorschreiben lassen. Sie war somit weder hörig noch ließ sie sich einschüchtern. Vielleicht war es das, wovor die Männer sich fürchteten?

Wäre die Frau nicht für den Fortbestand der Menschheit notwendig, dann hätte die männliche Angst vor ihrer weiblichen Kraft vielleicht dazu geführt, sie ganz auszurotten. In diesem Zwiespalt zwischen Furcht und Überlebensdrang erklärte der Mann schließlich die Frau für minderwertig und zum schwachen Geschlecht. Und damit Frauen gar nicht erst auf die Idee kamen, wieder Zugang zu ihrer eigenen Kraft zu suchen, wurde die Mär von unterentwickelten Naturvölkern erfunden. Heidnische Riten wurden verboten, Frauen und Männer, die sich an das universelle „Alte Wissen" erinnerten, wurden als Ketzer und Hexen verfolgt.

Ich kannte schon lange das chinesische Symbol Yin-Yang, das die Einheit von männlicher und weiblicher Energie symbolisiert. Ich wusste auch, dass jede Frau in sich männliche Anteile hat, wie jeder Mann, in sich, weibliche – die Psychologie nennt sie Animus und Anima. Und wenn ich mir bildliche Darstellungen von Jesus genauer ansah, war es stets nur der Bart, der den feminin wirkenden Jesus männlich erscheinen ließ.

Plötzlich fiel es mir wie Schuppen von den Augen: Ich hatte in der Vergangenheit immer nur nach dem Göttlichen über mir im Himmel gesucht. *Vater, der du bist im Himmel …* Dabei hatte ich die Erde unter mir ganz vergessen, obwohl sie mich doch nährte und jeden Tag auf sich trug. Selbst wenn ich die Übungen des Qi Gong ausführte, schenkte ich dem Aspekt der Erdung nie besondere Aufmerksamkeit.

Ein tiefer Wunsch stieg in mir auf: *Ich will wieder in Kontakt mit dem Weiblichen kommen – ich will wieder in Verbindung mit Mutter Erde sein.*

„Geh zu den Schamanen!", nahm ich eine Stimme tief in mir wahr.

Montag, 8. März 2010

„Ich glaube, ich ticke nicht mehr normal“, überfiel ich Rebecca gleich bei der Begrüßung. Ich hatte mich bei ihr zu einer Tasse Tee eingeladen. Aufgeregt berichtete ich meiner Freundin von den Erlebnissen am Wochenende.

„Überhaupt nicht“, beruhigte sie mich gelassen, nachdem ich meine Ausführungen beendet hatte. Doch ich schenkte ihrem Urteil wenig Vertrauen, denn Rebecca beschäftigte sich mit solch kuriosen Dingen, wie Traumdeutung, Aurasoma und Channeling. Ich hielt das alles für esoterischen Quatsch, und der schien mir höchst suspekt.

„Wie hast du dich dabei gefühlt?“, wollte sie wissen.

„Das ist ja das Verrückte“, sagte ich begeistert. „Obwohl das alles schon irgendwie spooky war, habe ich mich dabei wohl gefühlt, sicher und geborgen.“

Rebecca lächelte wissend und sprach zu mir wie ein Orakel: „Folge dem Ruf der Schamanen. Nachdem du alles Alte ausgekotzt hast, bist du jetzt wie ein leeres Gefäß, offen für Neues.“

Dienstag, 9. März 2010

Obwohl ein Teil von mir mit Schamanen nichts zu tun haben wollte, drängte ein anderer Teil neugierig nach mehr Informationen. Darum setzte ich mich mit gemischten Gefühlen an den Computer und googelte nach einer Schamanin. *Wenn ich mich schon auf neues Terrain begebe, dann will ich eine Frau an meiner Seite haben.*

Ich suchte, in der bangen Hoffnung, die Begleiterin nicht erst im Kaukasus oder im fernen Regenwald zu finden. Zu meiner Überraschung lebte eine Schamanin ganz in meiner Nähe. Auf ihrer Homepage fand ich sogar für das kommende Wochenende einen Schnupperkurs. - Was für ein Zufall!?

Nachdem ich die Anmeldung ausgefüllt hatte, zögerte ich, bevor ich auf das Feld Bestätigen klickte. Während ich mir einerseits eine Absage wegen Überbelegung oder Ausfall wegen mangelnder Beteiligung wünschte, erwartete ich andererseits ungeduldig den kommenden Freitag. Auch wenn es mir in den Fingern juckte, wollte ich nicht nach Begriffen wie Schwitzhütte, Trancetanz oder Trommelreise googeln. Ich wollte nicht die Beschreibungen anderer Leute lesen. *Wie war das doch gleich mit dem leeren Gefäß? Ich will unvoreingenommen meine eigenen Erfahrungen sammeln!*

Zu meinem Erstaunen hatte ich auf der Suche nach der weisen Frau im Internet gelesen, dass der Schamanismus von der WHO seit den 80er Jahren in Bezug auf psychosomatische Krankheitsbilder der westlichen Medizin gleichgestellt sein sollte. *Wie muss ich mir das denn vorstellen? Blutige Opfergaben und mit Totenköpfen geschmückte Trancetänzer Seite an Seite mit der Couch in einer Psychiaterpraxis?*

Beim Abendessen erzählte ich meinen vier Männern von der Anmeldung zu dem schamanischen Wochenende und war besorgt, wie sie wohl auf diese Nachricht reagieren würden. Ich befürchtete nämlich, sie könnten ihre Mutter für eine Verrückte halten, die im Begriff war, unter bewusstseinsverändernden Drogen und halb nackt, blutige Tierkadaver vor rauchenden Totenschädeln zu opfern.

„Wann geht es denn los?", war das Einzige, was meinen Mann Fred interessierte, bevor er mir viel Spaß wünschte. Die beiden Älteren, Felix und Konrad, freuten sich über mamafreie Zeit, und Bobby überredete sogleich seinen Papa zu einem DVD-Abend mit Pizza und Cola bis zum Umfallen.

Ich war erleichtert. Keine Fragen. Keine Erklärung. Keine Ablehnung. Kein Belächeln. Keine abwertenden Bemerkungen. Alle meine Bedenken, sie könnten mein Vorhaben negativ beurteilen, waren umsonst gewesen. *Ich beschränke mich eben immer selbst durch meine Gedanken, die ich mir darüber mache, wie oder was andere Leute von mir denken könnten.*

Mittwoch, 10. März 2010

Soll ich oder soll ich nicht zu der Schamanin fahren? Je näher der Freitag rückte, umso mulmiger wurde mir in der Magengegend. *Was will ich eigentlich dort? Was erwarte ich denn von einer Schamanin?*

Ich war mehrmals drauf und dran, mich wieder abzumelden. Letztendlich siegte aber immer wieder meine Neugierde. Ich hatte das Gefühl, als liefe ich unentschlossen am Strand hin und her und traute mich nicht, zum anderen Ufer zu schwimmen, dessen Umrisse ich undeutlich in der Ferne sah. Gleichzeitig war ich unglaublich neugierig auf das Land hinter dem Wasser - neugierig auf Freitag. Dennoch hatte ich ein bisschen Angst vor dem Unbekannten, dem Fremden.

Ich wusste genau, dass es ganz allein an mir lag, wann ich zum anderen Ufer aufbrechen und losschwimmen würde.

Donnerstag, 11. März 2010

Gestern war am späten Abend die Mitbringliste per Mail gekommen. Laken, Bettbezug, Handtücher – zwei extra große für die Schwitzhütte – und bequeme Kleidung für drinnen waren schnell gepackt. Auch wetterfeste Kleidung für draußen, sowie eine feuchtigkeitsbeständige Sitzunterlage waren kein Problem. Kompass, Tabak und Dinkel hatte ich heute gekauft. Bei dem Punkt: Schamanisches Equipment (wenn vorhanden, Zeremonialobjekte) – spukten mir im ersten Moment Bilder von blutverschmierten Vogelkrallen und Bärentatzen in meinen hintersten Gehirnwindungen herum. Schnell verdrängte ich diese Vorstellungen wieder.

Kopfzerbrechen hatte mir das Geschenk für den Feuerhüter bereitet. Laut Erklärung auf der Liste war das ein Geschenk, welches als Ausgleich für das Hüten des Feuers und das Hereintragen der Steine in die Schwitzhütte gegeben wurde. Laut Liste sollte es etwas Schönes, Kleines sein – etwas, das Freude machte. *Was soll ich schenken? Und wer ist überhaupt der zu Beschenkende?*

Mir konnte man mit Schokolade immer eine Freude machen. Aber Schokolade schmolz in der Wärme, und wie der Name schon sagte, würde es in der Schwitzhütte sicherlich sehr heiß werden. Da war Schokolade keine so gute Idee. *Vielleicht lieber Tee? Aber wer trinkt schon heißen Tee in der Schwitzhütte?*

Weil mir nichts Besseres einfiel, entschied ich mich letztendlich doch für eine hübsche Dose losen Darjeelingtee.

Freitag, 12. März 2010

Endlich war es so weit. Endlich war der Tag da, den ich trotz zunehmender Beklemmung ungeduldig erwartet hatte. Selbst auf der Fahrt zum Himde-Haus dachte ich mehrmals daran umzukehren und nach Hause zurückzufahren. Ich war absolut unschlüssig. *Was will ich bloß bei einer Schamanin? Wo komme ich denn hin, wenn ich jedem Traum solche Bedeutung beimesse?*

Ob es denn hier keine Stühle gäbe, traute ich mich nicht zu fragen, als ich kurz vor 17.00 Uhr im Himde-Haus den Gruppenraum betrat. Wie die anderen Teilnehmer nahm ich mir ein Yogakissen und begab mich zu den 18 Frauen und 12 Männern, die sich in einen Kreis auf den Parkettfußboden gesetzt hatten. Während ich nach einer bequemen Sitzhaltung suchte, verfluchte ich insgeheim meine Knieverletzung, die mich daran hinderte, weder in der Lotoshaltung noch im Schneidersitz zu entspannen. Obwohl mir das Sitzen zunehmend schwerer fiel, traute ich mich aber nicht, mir ein zweites Yogakissen zu holen, um mir durch eine Sitzerhöhung Erleichterung zu verschaffen. *Bloß nicht auffallen.* Lieber wechselte ich meine Sitzhaltung im Minutentakt.

Gerda, die Schamanin, hatte ein offenes Wesen und lachte gern. Nichts an ihrem Aussehen deutete darauf hin, dass sie eine Schamanin war: keine Feder als Ohrring, keine Halskette aus Steinen. Sie hatte ihre dunkel gefärbten Haare zu einem Zopf zusammengebunden und trug einen Pullover über eine bequeme Hose.

„Ich freue mich, euch heute Abend hier begrüßen zu dürfen", sagte Gerda mit einladender Herzlichkeit. Dabei schaute sie jeden Einzelnen in der Runde an. Ihr strahlender Blick berührte mein Herz – ja, ich fühlte mich von ihr gesehen. „Sollte die Eine oder der Andere ein mulmiges Gefühl haben, seid unbesorgt! Das ist normal, wenn man sich auf eine Reise zu neuen Horizonten begibt und in das überlieferte Wissen unserer Ahnen eintaucht und sich dann als ein Teil des großen Mysteriums wiedererkennt. In unserer gemeinsamen Zeit werden wir uns unserer Kraft bewusst werden und uns unserer persönlichen Entwicklung widmen. Wir werden herausfinden, welches Potenzial noch ungenutzt in uns schlummert und darauf wartet, geweckt zu werden. Und wir werden uns dem zuwenden, was noch in uns geheilt werden möchte. Um alte Konflikte zu lösen und sich mit der Vergangenheit zu versöhnen, überflüssigen Ballast loszuwerden und Antworten auf die wirklich wichtigen Fragen im Leben zu bekommen, gibt es auf dem schamanischen Weg verschiedene Techniken und Zeremonien. Wir werden gemeinsam singen, tanzen und lachen, Neues erfahren, Spannendes erleben und uns als Teil der Schöpfung erkennen. Wir werden uns von der Natur berühren lassen und treten in Kontakt mit Pflanzen, Tieren, Steinen und uns selbst."

Gerda schaute in aller Ruhe noch einmal jeden Einzelnen in der Runde an.

„Ich freue mich auf unsere gemeinsame Zeit", sagte sie gut gelaunt. „Aho."

„Ich bin Kerstin", stellte ich mich in der Begrüßungsrunde vor. Aufgeregt streichelte ich mit schweißnassen Fingern den Redestein in meinen Händen – das war ein faustgroßer Stein, dessen Bezitz einen dazu berechtigte, laut vor der Gruppe zu sprechen. „Ich bin 46 Jahre alt, verheiratet und habe drei Kinder. Sie sind 16, 15 und 9 Jahre alt. Ich habe Betriebswirtschaft studiert, bin aber seit der Geburt unseres dritten Sohnes als Familienmanagerin tätig. Die beiden Großen brauchen mich eigentlich nur noch zum Chauffieren, und auch der Jüngste fängt langsam an, mich nur noch peinlich zu finden.

Meine Jungs sind in der Pubertät und ich in den Wechseljahren. Das ist ein hochexplosives Gemisch. Ein falsches Wort kann da schnell wie ein Funke an der Zündschnur sein. Mein Mann hat dann oft die undankbare Aufgabe, in den Trümmern zu schlichten.

Jetzt, wo ich langsam wieder mehr und mehr Zeit für mich habe, suche ich nach etwas Sinnvollem für meine zweite Lebenshälfte. In einem meiner Träume habe ich von Schamanen gehört, und deswegen bin ich hier – Aho!"

Diesen für mich ungewöhnlichen Gruß sagte ich zum Abschluss, weil ich es bei Gerda und allen meinen Vorrednern so beobachtet hatte. Die Insider benutzten hier dasselbe Wort, wenn sie jemandem oder etwas zustimmten. Erleichtert reichte ich den Redestein an die Frau links neben mir weiter.

Über meine Erlebnisse unter dem Kirschbaum verlor ich kein einziges Wort.

Das Himde-Haus war ein altes, umgebautes Bauernhaus. Im Erdgeschoss befand sich eine gemütliche Küche, ein kleiner Kiosk des Vertrauens, ein Zweibettzimmer, Toilette, Keller, Lager- und Vorratsräume. In der ersten Etage gab es neben dem Gruppenraum ein weiteres Zweibettzimmer und eine Toilette mit Dusche. In der Etage darüber lagen verschiedene Schlaf- und Sanitärräume. Auf dem Flur stand ein riesiges Bücherregal, das mich sehr beeindruckte. In dieser Etage teilte ich mir ein Vierbettzimmer mit Karla, Renate und Sabine. Wir waren alle im gleichen Alter.

Als ich am ersten Abend zu Bett gehen wollte und am Bücherregal vorbeikam, fiel mein Blick auf den Titel „*Krafttiere begleiten dein Leben"* von Jeanne Ruland. Ich erinnerte mich an den Adler und den Hirsch, die ich in meinem Schamanentraum als Begleiter bekommen hatte.

Neugierig las ich vor dem Einschlafen in dem Buch: „In der keltischen Mythologie führt der Hirsch die Seelen durch die Dunkelheit (...) Bei den Indianerstämmen ist der Hirsch das wichtigste Tier, da er das Sinnbild für das Herz und die feinstofflichen Kräfte ist, sowie als Hüter am Tor der Geisterwelt wacht (...) Da er seine Gestalt wandeln kann, ist der Hirsch ein Schamanentier (...) Bei den Huichol ist der Hirschtanz der heiligste Tanz (...) Im Mayakalender gibt es die Energie Hirsch (Manik), sie symbolisiert den heiligen, erdverbundenen Rhythmus des Leben (...)

Der Kontakt mit dem Adler ist ein großer Segen. Er kündigt eine neue Entwicklungsstufe an, weitere Perspektiven und größere Möglichkeiten der Entfaltung auf höheren Ebenen (...) ist der Adler verwundet, so steht es für mangelndes Selbstbewusstsein, Einschränkung, Verlangen nach Befreiung und Lösung aus zu engen Bindungen (...) Auf seinen Schwingen gewinnst du die Freiheit und erreichst das Land jener unbegrenzten Möglichkeiten, welche uns allen gegeben sind, wenn wir uns über Grenzen hinaus im Licht der Sonne bewegen. Der Adler lehrt uns die Weisheit der Schöpfung, er steht für Licht, Bewusstsein, kosmisches Feuer, Macht und Kraft, höhere Bestimmung, spirituelle Führung, neue Dimensionen. Er fordert dich auf, seinem Ruf zu folgen, damit du deine Bestimmung findest und lebst." (3)

Eine Weile saß ich still da, mit diesem Buch in den Händen. Ich musste zugeben, ich hatte keine Ahnung von dem, was ich dort gerade gelesen hatte. Dennoch berührten mich die Worte tief in meinem Herzen …

Samstag, 13. März 2010

Gooonnnnggggg. – Der dunkle Ton einer Klangschale schwang durch die Luft.

„Ho ta ho ta ho. Ho ta ho ta ho“, ging Frank, einer der beiden Assistenten, laut singend durchs Haus und blieb vor jeder Zimmertür einen Moment stehen. „Wach auf, steh auf, das Leben ruft dich. Wach auf, steh auf, das Leben grüßt dich. Mutter Erde, sie ruft dich. Mutter Erde, sie grüßt dich. Ho ta ho ta ho. Ho ta ho ta ho.“

Gooonnnnggggg.

Der Wecker zeigte 7.00 Uhr.

***

„Besetzt“, rief ich, als zum wiederholten Male ein Mann ungeduldig an der abgeschlossenen Badtür klopfte.

„Mach auf, wir können zusammen duschen.“, rief dieser durch die Tür.

Mieser Spanner. Das könnte dem so passen. Ist der etwa nur deshalb hier? Ich war sowieso schon leicht gereizt. Weil es keinen Duschvorhang gab kauerte ich mit der Duschbrause in der Badewanne, und trotzdem spritzte das Wasser nach allen Seiten.

„Abschließen“, spottete der Insider, als ich aus dem Bad kam. Er saß mit einer Tasse Kaffee in der Hand auf dem Boden im Türrahmen. „Na ja“, lenkte er ein, als er sich erhob. „Das wirst du auch noch lernen.“

Erst in diesem Augenblick bemerkte ich zwei weitere Duschköpfe an der Wand gegenüber der Badewanne. Am liebsten wäre ich vor Scham im Erdboden versunken.

***

Auf dem Morgenprogramm stand eine Stunde Yoga. Dabei war Yoga überhaupt nicht mein Ding. Ich hatte vor einigen Jahren Qi Gong für mich entdeckt. Im Gegensatz zu Qi Gong, wo ich von der ersten Übung an mit voller Konzentration dabei war, hatte ich mich bisher bei all meinen Yogaversuchen durch die Asanas gequält und sehnsüchtig den abschließenden Entspannungsteil erwartet - meiner Meinung nach war dieser Teil das Beste am Yoga.

Auch dieses Mal kämpfte ich mich mühsam durch die zäh fließenden Minuten.

Danach gingen wir alle zum Frühstück.

***

Als die ganze Gruppe in der Küche versammelt war, bildeten wir einen Kreis um das liebevoll zubereitete Essen und fassten uns an den Händen. Dabei zeigten die alten Hasen uns Neulingen wie man es richtig machte: Linke Hand nimmt, Handfläche nach oben. Rechte Hand gibt, Handfläche nach unten.

Mit einem kleinen, englischen Lied sagten wir Danke für die Speisen und Getränke, bevor wir uns am vegetarischen Büfett bedienten. Alle Produkte waren Bio und nach Möglichkeit von eigener Wiese und aus eigenem Garten geerntet. Die Küchenfee hatte drei verschiedene Brotaufstriche selbst zubereitet, und zum warmen Hirsebrei gab es selbst gekochtes Birnen-Pflaumen-Kompott. Die Erdbeermarmelade war ebenso ihr Werk, wie das Chutney aus Orangen. Außerdem gab es verschiedene Sorten Käse und Tofu.

Wir saßen gemütlich bei Kerzenlicht an zwei langen Tischen, und tranken genüsslich Malzkaffee und hauseigenen Kräutertee. Im Himde-Haus hielt man nichts von Drogen – weder von bewusstseinsverändernden bei Ritualen und Zeremonien, noch von solchen für den Genuss. Deswegen gab es keinen Kaffee, keine Zigaretten, keinen Alkohol und keinen Zucker. Gesüßt wurde mit Honig, stilles Wasser gab es in Glasflaschen. Es gab keinen schwarzen Tee, keinen Fernseher, keine Zeitung und einen schlechten Handyempfang.

Nach dem Frühstück kümmerte ich mich gemeinsam mit anderen Freiwilligen um den Abwasch. Somit hatte ich gleich nach der zweiten Mahlzeit meinen Küchendienst für dieses Wochenende erledigt. Außerdem konnte man beim Abtrocknen so wunderbar quatschen. Jeder von uns hatte seine eigene Geschichte.

Wir waren alle zwischen 28 und 55 Jahren alt und arbeiteten – neben einer Heilerin – in so bodenständigen Berufen, wie Tischler, Computerfachmann, Krankenschwester, Lehrer, Versicherungsvertreter, Sachbearbeiter, Heilpraktiker und Sekretärin. Irgendwann hatte jeder irgendwo von dem schamanischen Schnupperwochenende gehört und war republikweit angereist.

***

Nach einer kleinen Pause trafen wir uns im Gruppenraum, wo wir wieder in einem Sitzkreis auf unseren Yogakissen saßen und lauschten.

„Wir werden heute Abend in die Schwitzhütte gehen“, sagte Gerda.

Die Gruppe antwortete mit einem Gemurmel aus wenig Begeisterung und massivem Stöhnen. Wir vier Neulinge guckten irritiert.

„Die Schwitzhütte ist wie die Gebärmutter von Großmutter Erde. Die heißen Steine sind der Samen von Großvater Sonne.

Der Weg des Samens – sprich, der Steine – von der Feuerstelle zum Feuerloch in der Hütte, ist die Feuerlinie. Sie darf während der Zeremonie nicht übertreten werden.
Das Schwitzen in der Hütte soll sowohl innere und äußere Reinigung bewirken und dient auch der Wiedervereinigung mit dem Geist, sodass der Mensch neu geboren wird."
Gerda machte eine kleine Pause, ehe sie fortfuhr. „Die Schwitzhütte wird nacheinander betreten und auch wieder verlassen. Der oder die Erste kriecht im Uhrzeigersinn um das Feuerloch herum und nimmt auf der anderen Seite des Eingangs Platz. Danach rutschen alle anderen, ebenfalls im Uhrzeigersinn, auf. Am Ende der Schwitzhüttenzeremonie verlassen wir, nun entgegen dem Uhrzeigersinn, wieder die Hütte. Das heißt, der Letzte wird der Erste sein, und wer die Hütte als Erster betreten hat, wird sie als Letzter verlassen und dabei wieder um das Feuerloch herum zum Ausgang kriechen.

Bevor ihr die Schwitzhütte betretet, verbeugt ihr euch und sagt: ‚An alle meine Verwandten' oder ‚O Mitakuyasin', was übersetzt in etwa bedeutet: ‚Alles ist verbunden'.

Während der Zeremonie schweigt ihr, es sei denn, ich fordere euch zum Sprechen auf.

Die Zeremonie besteht aus vier Runden, manchmal sind es auch fünf. Das erfrage ich vorher bei den Kräften. Nach jeder Runde gibt es eine kleine Pause. In der reicht euch der Feuerhüter in die Hütte Wasser zum Trinken und bringt anschließend neue Steine.

Sollte jemand die Schwitzhütte verlassen müssen, dann ist das nur in den Pausen möglich – und auch das nur in Ausnahmesituationen. In solch einem Fall sagt ihr ‚O Mitakuyasin' und bittet, die Hütte verlassen zu dürfen. Sollte jemand aus irgendwelchen Gründen unbedingt während der Zeremonie aus der

Hütte raus wollen, dann müssen wir die ganze Zeremonie von vorn beginnen. Wer also nur wenig Hitze verträgt oder unter Platzangst leidet, der bleibt lieber in der Nähe des Eingangs.

Denkt daran, bis zum Beginn der Schwitzhütte viel zu trinken. - Gibt es noch irgendwelche Fragen?"

„Ich habe meine Regel. Darf ich trotzdem mit in die Schwitzhütte?", fragte eine von uns Neulingen.

„Natürlich. Wenn du möchtest, kannst du eine Bikinihose anziehen", antwortete Gerda.

„Und was tragen wir?", fragte eine andere Unerfahrene.

„Schamanenblaumann", antwortete Karsten, der andere Assistent von Gerda.

„Wir sind nackt", übersetzte Frank.

Mich wunderte das überhaupt nicht, denn Badekleidung hatte nicht auf der Mitbringliste gestanden. Die Frage, die mich beschäftigte, war eher praktischer Art.

„Ich habe eine Pionierblase", sagte ich und erklärte den ahnungslosen Gesichtern um mich herum: „Die ist immer bereit." Es war ein Insiderwitz, den ich gern benutzte, um mehr über mein Gegenüber zu erfahren, ohne dabei viele Fragen stellen zu müssen. Die Reaktion darauf verriet mir nämlich, ob derjenige seine Vergangenheit als Ossi oder Wessi verbracht hatte. Als Kind der DDR war ich natürlich Junger Pionier gewesen. Und dazu gehörten neben dem Halstuch und der Pionierbluse auch die zehn Gebote und der Pioniergruß „Für Frieden und Sozialismus. Seid bereit! Immer bereit!"

Weil niemand auf meinen Insiderwitz reagierte, löste ich das Rätsel auf: „Ich muss öfter aufs Klo." Dann fügte ich noch hinzu: „Besonders dann, wenn ich viel trinke."

„Das ist kein Grund, die Zeremonie zu unterbrechen", sagte Gerda.

„Und was mache ich dann?“, hakte ich nach.
„Dir wird schon was einfallen.“

Gerda zog sich von der Gruppe zurück, um sich auf die Zeremonie am Abend vorzubereiten. Ihre Assistenten übernahmen alles Weitere. Karsten brachte einen Korb mit bunten Stoffresten. Wir schnitten daraus 108 etwa 15 Zentimeter große Tücher aus. In jedes gaben wir eine Prise Tabak und knoteten es – verbunden mit einem Wunsch – nebeneinander an eine lange Schnur. Danach gingen wir alle nach draußen.

Ungefähr 100 Meter vom Haus entfernt standen auf einer Wiese um einen Feuerplatz herum vier Weidengerüste in Igluform. Das waren die Schwitzhütten – für jede Himmelsrichtung eine. Jede Hütte war etwa eineinhalb Meter hoch und hatte einen Durchmesser von etwa vier Metern. In der Mitte bzw. rechts vom Eingang war in jeder Hütte ein etwa 50 Zentimeter tiefes Loch im Boden ausgehoben. Und vor jeder Hütte gab es einen kleinen, bewachsenen Erdhügel von rund 50 Zentimeter Höhe – das war die Mesa, der Altar.

„Wir nehmen heute die Nordhütte“, sagte Frank und zeigte auf das Gerüst neben sich. Dann bildeten wir kleine Gruppen.

Eine schnitt die verrotteten schwarzen Bänder von der Decke des Weidengerüstes unserer zukünftigen Schwitzhütte ab, entfernte vom Boden altes Stroh, schöpfte das Wasser aus dem Loch, holte frisches Stroh aus dem Pferdestall und legte damit den Boden der Hütte aus. Eine Frau entfernte von der Mesa vertrocknete Blätter. Aus dem, was die Natur Mitte März wachsen ließ, band sie einen bunten Strauß, den sie in eine Vase auf die Mesa stellte.

Eine andere Gruppe kümmerte sich um das Feuer. Sie hackten Holz und schichteten unter Franks Anleitung auf dem

Feuerplatz die großen Scheite gut einen Meter hoch auf. Sie stopften Zeitungspapier in die Lücken und legten die abgeschnittenen, schwarzen Bänder darauf. Zum Schluss stapelten sie 44 kindskopfgroße Steine auf die Holzscheite. Weil es nach Regen aussah, deckten sie das vorbereitete Feuer mit einer großen Plastikplane ab.

Meine Gruppe war für das Abdecken der Schwitzhütte verantwortlich. Wir bildeten eine Menschenkette, die vom Dachboden des Hauses bis zu einer Schubkarre reichte, die vor der Tür stand. Unzählige verkohlte Steppdecken, angesengte Tagesdecken und löchrige Wolldecken wurden so von Hand zu Hand gereicht. Geschickt balancierten wir die wackeligen Deckentürme dann mit der Schubkarre zum Schwitzhüttenplatz.

Bevor wir mit dem Abdecken der Hütte begannen, trafen sich die Männer und Frauen aller drei Gruppen vor dem Himde-Haus. Vier von uns zogen sich ihre Schuhe aus und gingen in den Gruppenraum. „Seid vorsichtig“, rief Karsten ihnen hinterher. „Wenn ihr die Schnur mit den Tabaksäckchen einmal aufgenommen habt, darf sie den Boden nicht mehr berühren.“

Wir übrigen bildeten unter dem Fenster des Gruppenraumes eine Schlange und rutschten Stück für Stück weiter, um die Schnur aus dem Fenster entgegenzunehmen. Singend schritten wir langsam zum Schwitzhüttenplatz, wo wir die Schnur spiralförmig auf dem Dach des Weidengerüsts platzierten.

Darüber legten wir unter Karstens Anleitung die Decken. Wir ordneten sie schuppenförmig an, sodass sie sich selbst hielten. Besondere Aufmerksamkeit widmeten wir dem Eingang. Die Öffnung sollte frei bleiben, und doch musste sie jederzeit mit einer weiteren Decke lichtdicht abzudecken sein – und das alles ohne Nadeln und Klammern. Die untersten Deckenränder beschwerten wir am Boden mit Steinen.

Dann kroch Karsten in die Hütte, um sie auf ihre Tauglichkeit zu prüfen. „Hier ist es noch hell", rief er von drinnen und beulte jeweils an den entsprechenden Stellen mit der Faust die Deckenhaut der Schwitzhütte. Es sah so aus wie der Bauch einer Schwangeren, wenn das Ungeborene sich drehte. Auf diese Stelle legten wir eine weitere Decke. Erst als Karsten keine lichtdurchlässige Stelle mehr fand, zogen wir über die gesamte Schwitzhütte eine riesengroße Stoffplane, die wir ebenfalls mit Steinen am Boden beschwerten. Dann rief er Gerda per Handy an, damit sie kam, um die Schwitzhütte zu überprüfen.

Sie zog mal hier und mal dort an dem abgedeckten Weidegerüst. Danach kontrollierte sie das Feuer. Sie rüttelte mal hier an dem aufgeschichteten Holzstoß, stieß mal dort an die Steine. Erst, als sie anerkennend nickte, atmeten Frank und Karsten erleichtert auf.

„Holt jetzt alles, was ihr für die Mesa mitgebracht habt", forderte uns Gerda auf. „Frank ist heute unser Feuerhüter. Bringt gleich das Feuerhütergeschenk für ihn mit, zum Zeichen eures Dankes für seine Arbeit heute Abend. Und nicht vergessen: Viel trinken!"

Ich hatte den ganzen Tag lang Mühe damit, denn ich traute mich gar nicht, noch mehr zu trinken, weil ich jetzt schon ständig pullern musste. Ich hatte eben eine schwache Blase, und die Anspannung tat wohl ihr Übriges dazu.

„Ich bin ganz aufgeregt", sagte mir Karla auf dem Weg ins Zimmer. Sie war ebenfalls Schwitzhüttenneuling. „Und du?"

„Eher neugierig", erwiderte ich. „Keine Ahnung, was mich nachher erwartet."

„Ihr müsst es euch wie in der Sauna vorstellen", sagte Hilde, eine Erfahrene.

„Au Backe", gestand ich. „Ich war erst ein einziges Mal in der Sauna und fand das schrecklich. Ich hasse Hitze."

***

Es dämmerte bereits, als ich mit meinem Feuerhütergeschenk auf den Platz zurückkam. Auf der Mesa standen mittlerweile kleine Statuen indischer Götter, laminierte Bilder von Jesus und Maria, Bären, Wölfe und Hirsche aus Plastik, bunte Ketten, Steine und Federn. Jemand hatte sogar Medikamente auf den Altar gelegt. Weil ich nichts Bestimmtes für die Mesa vorgesehen hatte und in der Schwitzhütte sowieso keinen Schmuck tragen durfte, legte ich einfach meine Goldkette darauf.

Ich überreichte Frank mein Geschenk, was er zu den anderen in eine Tasche legte. Anschließend stellte ich mich mit den anderen Männern und Frauen in eine Schlange zum Räuchern. Solange wir in Bewegung gewesen waren, hatte ich den ganzen Nachmittag über keine Kälte gespürt. Doch nun konnte ich mir beim besten Willen nicht vorstellen, wie ich es in Kürze nackt im Freien aushalten sollte.

Endlich war ich an der Reihe, geräuchert zu werden. Es wurde gemacht, um uns für die Schwitzhütte zu reinigen. Für mich war das, wie fast alles an diesem Tag, Neuland. Ich stand vor Karsten, der in seiner rechten Hand eine wunderschöne Feder hielt und in der Linken ein Schälchen mit glimmendem Salbei. Mit der Feder fächerte er den Rauch des verbrannten Krautes an meinem Körper entlang, um meine Aura zu reinigen. Er begann unter meinem linken Fuß, fuhr die linke Seite entlang über den ausgestreckten Arm bis zum Kopf hoch und dann die rechte Seite entlang wieder bis zum Boden herab. Als er beim rechten Fuß angekommen war und vor mir hockte, musste ich mich an ihm festhalten, um nicht umzufallen. Abschließend wedelte er mir den Rauch ins Gesicht und die Linie meiner Körpermitte entlang nach unten. Der Rauch biß mir in den Augen und ich hustete stark. Danach musste ich mich umdrehen und der ganze Vorgang wiederholte sich an meiner Körperrückseite. Als er die Räucherung hinter mir beendet hatte, stand Karsten wieder direkt vor mir und wedelte mit der Feder ein letztes Mal über meinen Kopf.

Nach diesem Ritual, dem sich nicht nur die Teilnehmer, sondern auch Gerda und ihre Assistenten unterzogen, verteilte sich die Gruppe auf dem Schwitzhüttenplatz so, dass alle mit dem Blick in Richtung Süden standen. Gerda rief die Kraft dieser Himmelsrichtung an und bedankte sich bei ihr. Dann drehte sich die ganze Gruppe Richtung Norden, dann Richtung Westen und zum Schluss sahen alle in Richtung Osten. Gerda wiederholte jeweils ihre Anrufungen.

Anschließend richteten wir unsere Aufmerksamkeit auf die noch dunkle, kalte Feuerstelle. Bevor Frank es anzündete, bedankte er sich bei den Holzscheiten und Steinen dafür, dass sie sich für diese Schwitzhütte zur Verfügung gestellt hatten. Schnell fraß sich das kleine Flämmchen durch das aufgeschichtete Holz und Papier. Funken stoben in den dunklen Himmel.

„Das ist die Feuerlinie.“ Gerda zeigte auf die kürzeste Verbindung zwischen Feuer und Schwitzhütteneingang. „Die darf ab jetzt nicht mehr übertreten werden.“

Die Gruppe stand um das Feuer herum und sah zu, wie die Flammen immer höher stiegen.

Wir fassten uns an den Händen und sangen Lieder – einige waren in Deutsch, andere hatten indianische oder englische Texte. Ich kannte kein einziges Wort davon, doch die Melodien waren angenehm einfach. Viele der Texte wiederholten sich von Strophe zu Strophe, sodass ich einfach mitsang, so gut es ging, ansonsten summte ich einfach nur mit. Das gemeinsame Singen gefiel mir sehr gut. Ich fühlte mich geborgen zwischen all den fremden Leuten und hatte ein wohliges Gänsehautfeeling.

„Alle Frauen folgen mir jetzt barfuß in die Schwitzhütte, um sie zu weihen", sagte Gerda nach einer Weile. „Die Männer bleiben am Feuer."

Was tue ich hier?, hinterfragte ich mein Handeln, als ich meine Schuhe auszog und mich entscheiden musste zwischen kaltem, harten - dafür aber sauberen Boden fern des Lagerfeuers, oder warmen, aufgeweichten Matsch in dessen Nähe. *Was zum Teufel noch mal tue ich hier?,* beobachtete ich mich kritisch, während ich von einem Fuß auf den anderen tänzelnd – um den Kontakt zum kalten Erdboden auf das Minimalste zu reduzieren – Gerda und den Frauen folgte, die im Gänsemarsch vor mir herliefen. Wir schritten einmal außen um die Schwitzhütte herum, bevor wir hintereinander in ihren Bauch krochen. *Was um Gottes Willen tue ich hier?,* bezweifelte ich meine Intelligenz, als ich bei etwa sechs Grad über Null in einer dunklen, kalten Hütte auf dem strohbedeckten Boden saß und Lieder sang, nachdem Gerda sich bei der Schwitzhütte bedankt hatte. I c h – die ich zu Hause doch schon eine Blasenentzündung bekam, wenn ich nur sah, dass meine Söhne barfuß auf den kalten Küchenfliesen liefen.

Allein der Gesang der Männer draußen am Feuer stimmte mich versöhnlich.

„Nicht über die Feuerlinie laufen", erinnerte Gerda, als wir Frauen nacheinander wieder aus der Schwitzhütte krochen. „Geht jetzt ins Haus und macht euch für die Schwitzhütte fertig. Reduziert eure Gespräche auf das Notwendigste."

Ich fluchte lautlos, als ich auf einem Bein hüpfend mit Papiertaschentüchern versuchte, mir den Matsch von den Füßen zu entfernen, bevor ich meine Socken anzog, um den Schmutz nicht in die Schuhe zu schieben.

***

Zurück am Feuer, glaubte ich nicht wirklich, was ich sah: Da standen erwachsene Männer und Frauen fast nackt am Lagerfeuer – an einem kalten Märzabend. Ich war im Bademantel und Badelatschen gekommen, andere in Pullover und Socken. Viele waren in Stiefeln und mit Handtüchern umwickelt erschienen. Je nach Vorliebe trugen die Leute zu ihrer Nacktheit Schal oder Mütze.

Schweigend standen wir am Feuer und beobachteten die Schlange vor der Schwitzhütte. Nach und nach verließ einer nach dem anderen wortlos das wärmende Feuer, entledigte sich seiner restlichen Garderobe und ging mit einem Handtuch in der Hand zu den Wartenden vor der Hütte.

Was mache ich hier?, hinterfragte ich mein Tun zum wiederholten Male an diesem Abend, als ich kurz im Gebüsch verschwand, um ein letztes Mal vorzusorgen, dass meine Blase die Schwitzhütte ohne Probleme überstehen würde. Dann zog ich meinen Bademantel aus und steckte ihn in eine regensichere Plastiktüte. Ich legte mir ein Handtuch über die Schultern, schlüpfte aus den Latschen heraus und fröstelte sofort, als ich mich vom Feuer abwandte.

Als Neuling hatten mir die Insider einen Platz in der Nähe der Tür empfohlen. Doch enge Räume bereiteten mir keine Sorge, mich beschäftigte etwas ganz anderes. Als überzeugte FKK-Anhängerin hatte ich mit Nacktheit keine Probleme, dennoch wollte ich in der engen Schwitzhütte nicht neben einem Mann sitzen. Darauf achtete ich nun also besonders, als ich mich in die Warteschlange vor der Hütte einreihte. Ich fror entsetzlich, dennoch verzichtete ich auf erwärmendes Herumhüpfen oder Händereiben – aus Angst, mit solch trivialen Dingen das Ritual zu stören.

Endlich war ich dran. Gerda fächerte noch einmal mit einer Feder vor meinem Körper und über meinem Kopf, sagte etwas, was ich nicht verstand, und gab mich für die Schwitzhütte frei.

„Für alle meine Verwandten", murmelte ich, weil mir die anderen fremdartigen Worte entfallen waren. Dann kroch ich vorsichtig in die Dunkelheit.

Ich hörte die anderen atmen und tastete auf dem Boden nach einem freien Platz. Als ich sicher war, eine Stelle gefunden zu haben, legte ich mein Handtuch dorthin, setzte mich darauf, zog meine Beine an und legte meine Arme um die Knie, um mich so wenigstens etwas zu wärmen. Ich konnte gar nicht so schnell zittern, wie ich fror. *Was tue ich verdammt noch mal hier?*

Ich war sozusagen vom Regen in die Traufe gekommen. Draußen, vor der Hütte, hatte ich mich wenigstens ein bisschen bewegen können, doch hier drin war es nicht nur kalt, sondern auch sehr, sehr eng. Es war schier unmöglich, Hautkontakt mit den anderen zu vermeiden. Das war extrem unangenehm! *Uahhh.*

Nach einer gefühlten Ewigkeit kam endlich Gerda in die Hütte gekrochen. Im Schein des Feuers beobachtete ich, wie Frank ihr eine Schale mit Wasser und einen Zeremonialbeutel reichte.

„Wir beginnen mit sechs Steinen", sagte Gerda leise zu ihm.

Auf einer Mistgabel trug Frank jeden Stein einzeln vom Feuer in das Loch in der Schwitzhütte. Wir begrüßten jeden mit einem „Willkommen, heißer Stein". Mit dem dritten Stein kam bereits eine angenehme Wärme in die Hütte, und schon beim sechsten Stein war es heiß. Frank verschloss den Eingang mit der darüber aufgerollten Decke, und Gerda begann mit der ersten Runde.

Sie rief verschiedene Kräfte und Welten an. Jede dieser Angerufenen begrüßte sie mit einer Prise Kräuter, die sie auf die heißen Steine legte und mit etwas Wasser bespritzte. Der aufsteigende Dampf nahm mir schon nach kurzer Zeit die Luft zum Atmen, und es wurde extrem heiß in der Hütte. Bald glaubte ich nicht mehr sitzen zu können, und wurde unruhig. Rücksichtslos stieß ich an die Körper neben mir und verschaffte mir so ausreichend Platz, um mich in der Fötusstellung hinlegen zu können. Dabei spürte ich eindeutig den Körper eines Mannes an meiner Haut, doch das war mir in diesem Augenblick völlig egal. Es fiel mir schwer, Gerdas Worten zu lauschen, und ich hatte nur den einen Wunsch, dass dieser Albtraum schnellstens vorbei sein möge.

Plötzlich wurde die Decke zurückgeschlagen. Frische, kalte Luft drang in die Schwitzhütte. Frank gab den Beiden am Eingang Flaschen mit Wasser, die sie dann an uns im Inneren der Hütte weiterreichten. Ich trank gierig die eiskalte Flüssigkeit, es störte mich überhaupt nicht, dass ich dabei kleckerte. Vielmehr wunderte ich mich, dass es auf meinem heißen Körper nicht zischte.

Ich überlegte, ob ich jetzt in der Pause die Schwitzhütte verlassen sollte. Doch das Einzige, was mich davon abhielt, war ein tiefes inneres Gefühl, das mir sagte, dass hier etwas ganz Besonderes auf mich wartete. Es war ein Gefühl, welches mich an Weihnachten in Kindertagen erinnerte - das Gefühl zu wissen, dass es ein Geschenk geben wird, aber nicht zu wissen, was es sein wird.

„Willkommen, heißer Stein“, begrüßten wir die nächsten fünf Steine. Frank ließ die Decke wieder herunter.

„In dieser Runde sagt ihr nacheinander, wem ihr Heilung wünscht“, hörte ich Gerdas Stimme.

Je näher das „Aho“ der anderen an mich herankam, umso fieberhafter überlegte ich, an wen ich mich mit meinen Wünschen überhaupt wenden konnte. Ich war konfessionslos. Wanka Tanka kannte ich nicht, Gott wollte ich nicht, und Allmächtiger zu sagen, schien mir zu dick aufgetragen, Jesus war mir eindeutig zu männlich, Maria zu einseitig weiblich.

„Göttliches Universum“, hörte ich mich sagen, nachdem meine Nachbarin ihren Part mit „Aho“ beendet hatte. *Da ist nicht nur der Artikel neutral*, bemerkte ich in Sekundenschnelle. „Hier spricht Kerstin“, machte ich es meinen Vorgängern nach. „Ich wünsche mir Heilung für meine Gebärmutter.“ Ich hatte seit langer Zeit ein Myom und verlor bei jeder monatlichen Regel eine Menge Blut, weswegen mir meine Gynäkologin schon seit Jahren zu einer OP rät. „Ich wünsche mir Heilung für meine Mutter, meinen Vater und meine Familie.“ Erstaunt über meine Gefühlswallung fügte ich aus tiefstem Herzen hinzu: „Allen, die Heilung brauchen. Aho.“

Als der Letzte in der Hütte seine Wünsche gesprochen hatte, war die zweite Runde zu Ende.

Frank hob die Decke, reichte uns kaltes Wasser und legte weitere sieben Steine in das Loch. Das euphorische „Willkommen, heißer Stein“, mit dem wir die Ersteren noch kräftig begrüßt hatten, verschwand mit jedem Weiteren.

„In dieser Runde sprecht ihr alle gleichzeitig und durcheinander und gebt alles ab, was ihr loswerden möchtet“, sagte Gerda.

„Ich will nicht mehr nur das machen, was die anderen von mir erwarten“, meldete sich zaghaft eine Stimme im Dunkeln. „Ich will mich gegenüber meinem Chef nicht mehr schwach fühlen“, kam eine weitere Stimme dazu. „Ich will keine Angst mehr vor Hunden haben.“ Dann kam es von allen Seiten: „Ich will nicht, dass ...“ „Ich will nicht, wie ...“ „Ich will nicht, weiter ...“

Es machte mir richtig Spaß, im Meer der Anonymität all das laut in den Raum zu geben, was mir an meiner Person nicht gefiel. Mir schien, je lauter unser Sprachgewirr wurde, umso mehr Wasser spritzte Gerda, denn es wurde immer stickiger und heißer in der Hütte.

Dann ging die dritte Runde zu Ende. Frank hob die Decke hoch und reichte Flaschen mit kaltem Wasser.

„Ich kann nicht mehr“, jammerte ich leise vor mich hin. „Ich will hier raus.“

„Du schaffst das“, beruhigte mich eine männliche Stimme neben mir.

Ich war meinem Nachbar dankbar für seine ermutigenden Worte. Was mich aber wirklich daran hinderte, die Hütte vorzeitig zu verlassen, war die Gewissheit, dass mich etwas ganz Besonderes erwarten würde – und meine Neugier darauf. Und Neugier ist ja bekanntlich die beste Triebfeder!

Frank legte weitere fünf Steine in das Loch. Ich begrüßte keinen mehr.

„In dieser Runde schweigt ihr und achtet darauf, was ihr empfangt“, sagte Gerda.

Sie spritzte etwas Wasser auf die Steine und ich wünschte mir sehnlichst, dass die letzte Runde schnell vorüber ging. Ich konnte die Hitze nicht länger aushalten und wollte nur noch raus.

Schon lange lag ich nicht mehr auf meinem Handtuch, weil es mir darauf viel zu warm geworden war. Auch das Stroh unter mir kühlte längst nicht mehr. Weil es in der engen Hütte nicht anders möglich war, schob ich das Stroh unter meinem Kopf beiseite, sodass ich wenigstens mein Gesicht auf den kühlen Boden pressen konnte. Doch mein Körper konnte der unerträglichen Hitze nicht entrinnen. Verzweifelt suchten meine Hände am Boden den Schwitzhüttenrand. Sie wollten sich unter die Plane wühlen – vergeblich. Es gab keine Chance, der Hitze zu entfliehen. Am liebsten hätte ich laut geschrien, doch ich musste wie alle anderen schweigen. Also atmete ich tief ... und tiefer ... und noch tiefer ...

Ich konzentrierte mich nur noch auf meine Atmung.

Plötzlich hatte ich das Gefühl, als öffnete sich – wie bei einem Schnellkochtopf – in der Mitte meines Kopfes ein Ventil und ein Teil von mir strömte heraus. Mir schien, als schaute ich mir selbst von oben her zu. Ich spürte keine Hitze mehr. Um mich herum war unendliche Weite, und ich hatte das Gefühl, dass alles im Überfluss vorhanden war.

Es gab in mir keine Worte, die hätten beschreiben können, was mit mir geschah!

...Da war nur Frieden ... da war nur Liebe ... bedingungslos ... nicht endend ...

Dieses Gefühl war einfach nur schön – unbeschreiblich schön!!!

Irgendwann hörte ich wie aus der Ferne Gerdas Gesang. Mir schien, als käme ich durch die Öffnung in der Mitte meines Kopfes wieder in meinen Körper zurück. So schnell diese Erfahrung gekommen war, so schnell verschwand sie auch wieder.

Jetzt war ich wieder in der Schwitzhütte und litt unter der unerträglichen Hitze. Ich hatte nur den einen Wunsch: Raus hier!

Endlich hob Frank die Decke am Eingang. Kalte Luft strömte über meinen Körper und ich genoss jeden frischen Atemzug. Einer nach dem anderen verließ nun die Hütte.

In Erinnerung an das, was ich eben erlebt hatte, fühlte ich tiefe Dankbarkeit. Voller Demut verbeugte ich mich in der Schwitzhütte vor Mutter Erde, bevor ich langsam aus ihr herauskroch zum Feuer. Dort legte ich mich in das feuchte Gras, blickte in den klaren Himmel und dachte ergriffen: *So viele Sterne. So viel Fülle.*

Frank trug noch sieben weitere Steine in die Hütte und ließ die Decke über dem Eingang herunterfallen. In der abschließenden Ahnenrunde blieb Gerda allein.

Als ich nackt auf dem Boden neben dem prasselnden Feuer lag – die Sterne über mir – und dem fremdsprachigen Gesang aus der Schwitzhütte lauschte, hatte ich das Gefühl, ich war nach Hause gekommen. Ich war voller Frieden …

Mir war nicht bewusst, wie lange ich dort so lag. Die Glut wärmte angenehm, deshalb kostete es mich einige Überwindung, den klammen Bademantel anzuziehen und durch die kalte Nacht zum Haus zurückzulaufen.

Die Uhr in der Küche zeigte eine Stunde nach Mitternacht. Wie in einer anderen Realität löffelte ich schweigend einen Teller der kraftspendenden Schwitzhüttensuppe. Ich folgte Gerdas Empfehlung und legte mich ungewaschen ins Bett. Zusammengerollt wie ein Fötus schlief ich tief beglückt ein.

Sonntag, 14. März 2010

Zwischen nicht mehr schlafen und noch nicht wach sein nahm ich in meinem Unterleib einen Lichtschein wahr, in welchem eine alte Frau saß und las. Ihrem Aussehen nach war sie eindeutig eine indianische Medizinfrau, doch das Buch auf ihrem Schoß irritierte mich. *Haben Indianer Bücher?*, überlegte ich, während mein Blick zu einem großen Lagerfeuer schweifte, dessen Flackern im nächtlichen Dunkel flirrende Schatten auf umliegende Zelte malte.

Plötzlich löste sich das Bild auf. Das große Lagerfeuer zerfiel und verwandelte sich in ein Häufchen kleiner Flammen, die in einem Steinkreis vor einer Höhle tanzten. Vögel zwitscherten fröhlich in den Bäumen, und durch den grünen Wald schritt ein Druide.

„Ob indianisch oder keltisch“, nahm ich seine Stimme wahr, „sei über deine Füße mit Mutter Erde verbunden. So verlierst du nie den Kontakt. Du bist nicht allein.“

***

Nach dem Wecken trafen wir uns im Gruppenraum zu einer geführten Herzmeditation. Wahrscheinlich hatte ich es mir für diese Reise auf dem Boden mit Decken und Kissen wohl viel zu bequem gemacht, denn auf dem Weg zu meinem Herzen war ich prompt eingeschlafen.

Meine Wahrnehmung setzte erst wieder ein, als Gerda ihren Abschlussgesang mit Trommelbegleitung zelebrierte – der jedoch berührte mein Herz derart tief, dass mir vor Rührung Freudentränen die Wangen herunterliefen.

***

Nach dem Frühstück bauten wir gemeinsam die Schwitzhütte ab. Die Decken hängten wir auf den Dachboden zum Trocknen und die Steine brachten wir zurück auf den Haufen, von dem wir sie genommen hatten. Die Asche ließen wir auf der Feuerstelle liegen, denn sie würde in den nächsten Wochen im hauseigenen Garten als Düngung verwendet werden, um wieder in den Kreislauf des Lebens einzugehen. Anschließend trafen wir uns im Gruppenraum.

„Das Schnupperwochenende geht jetzt langsam zu Ende. Vielleicht ist sich die Eine oder der Andere unsicher, ob es in der Sommerwoche weitergehen soll? Deshalb nehmen wir uns jetzt ein bisschen Zeit, um die Antwort aus der Natur zu holen. Dazu geht ihr nachher nach draußen, und wählt euch einen Baum aus, den ihr befragen werdet", sagte Gerda. „Die Baumzeremonie ist eine Möglichkeit, sich selbst besser kennenzulernen."

Gerda begann nun im Einzelnen die Vorgehensweise auszuführen. Während wir in die Natur hinausgingen, sollten wir uns konzentrieren und erspüren, zu welchem Baum wir uns hingezogen fühlen würden. Sie forderte uns auf, dabei unserer Intuition zu folgen.

„Wenn ihr einen Baum gefunden habt", sprach sie, „berührt ihn mit der linken Hand und fragt, ob er euch bei einer Baumzeremonie unterstützen würde. Bei einer negativen Antwort bedankt ihr euch bei ihm, lasst ein Geschenk zurück und geht weiter zu einem anderen Baum, der euch anzieht. Bei einer positiven Antwort umarmt ihr den Baum mit beiden Armen. Stellt euch dabei vor, wie ihr euch miteinander verbindet.
Nachdem ihr euch so begrüßt habt, bestimmt ihr die Position der vier Himmelsrichtungen und stellt in jede Richtung eine Frage. Lehnt euch dafür mit dem Rücken an den Baum und

blickt in die entsprechende Richtung, in die ihr dann eure Frage stellt. Notiert euch sofort die Antwort. Dann bedankt ihr euch bei der Himmelsrichtung und wendet euch der nächsten zu, indem ihr euch wieder mit dem Rücken an den Baumstamm setzt usw. usw.

Ihr beginnt mit eurer Frage im Süden, dann folgt der Norden. Bei der Zeremonie dreht ihr euch stets im Uhrzeigersinn um den Baum herum. Daher müsst ihr, um in den Westen zu gelangen, den Osten und Süden passieren. Im Westen gibt es zwei Fragen und eine Aufgabe, und ihr schließt die Runde im Osten. Für die dann folgende Frage an das Zentrum steht ihr dem Baum gegenüber, umarmt ihn mit beiden Armen und lehnt euch mit Bauch und Stirn an den Stamm.

Jetzt zu den Fragen. Im Süden wollt ihr wissen: „Wer bin ich?“ und im Norden: „Was ist meine Aufgabe?“ Den Westen fragt ihr: „Was soll ich abgeben?“ Solltet ihr etwas abgeben dürfen, dann überprüft, ob der Zeitpunkt dafür richtig ist. Es kann durchaus sein, erst einmal nur einen Teil davon abzugeben.

Grabt auf jeden Fall ein Loch, das so tief ist, dass ihr glaubt, dass das, was ihr abgeben wollt, da hineinpasst. Dann sprecht laut in das Loch hinein, was ihr abgeben wollt, und beendet es mit einem kraftvollen: „Ich gebe das ab. So sei es!“ Bittet Mutter Erde, es zu transformieren und werft als Dank etwas Tabak in das Loch. Dann macht ihr das Loch wieder so zu, dass keine sichtbaren Spuren bleiben.

Danach stellt ihr dem Westen eure zweite Frage: „Woher komme ich?“ und fragt anschließend den Osten: „Was ist mein Herzensweg?“ Die Frage, ob ihr im Sommer an der schamanischen Woche teilnehmen sollt, stellt ihr ganz zuletzt im Zentrum.

Nachdem ihr alle Fragen gestellt und euch Notizen gemacht habt, umarmt ihr den Baum noch einmal und bedankt euch bei ihm. Gebt ihm euer Geschenk und verlasst den Ort so, als wärt ihr nie da gewesen. Beachtet deswegen bei euren Geschenken, dass sie biologisch abbaubar sind. Salbei, Dinkel und Tabak eignen sich daher besonders gut dafür. Die Geschenke an die Natur dienen dem energetischen Ausgleich, sie sind deshalb von großer Bedeutung und schenken euch Freiheit.

Gibt es dazu noch Fragen?", beendete Gerda ihre Ausführungen.

„Kann jeder mit Bäumen reden?", sprach eine Frau aus, was viele von uns dachten. „Wie läuft so ein Gespräch ab, wie verstehe ich die Antworten?"

„Die Aura der Bäume ist der Aura der Menschen sehr ähnlich. Deswegen achten die Indianer die Bäume wie ihre Geschwister. Die Bäume sind Vermittler zwischen Himmel und Erde, und eine Baumzeremonie ermöglicht es dir, auf deine innere Stimme zu hören. Die Gespräche gestalten sich für jeden anders.

Eine positive Antwort kann z. B. ein freudiges Gefühl sein oder eine spürbare Wärme im Körper. Sie kann sich durch starke Verbundenheit äußern oder mit einem deutlichen „Ja" in dir zeigen. Bei einer negativen Antwort fröstelst du vielleicht, fühlst dich unwohl oder bist sogar ängstlich. Vielleicht bekommst du auch ein klares „Nein". Bei den Gesprächen siehst du vielleicht Bilder oder hörst Musik. Vielleicht erscheinen dir Worte auf einer Wolke oder einer Tafel. Sei dir gewiss, dass Gespräche mit Bäumen möglich sind."

„Woher weiß ich, dass ich mir nicht selbst die Antworten gebe?", fragte ein Mann skeptisch.

„Wenn die Antwort eher da ist, als du die Frage zu Ende formuliert hast, kannst du sicher sein, das sie nicht aus deinem Verstand kommt. Diese Antwort kommt aus einer tieferen Ebene in dir."

Die Gruppe schwieg nachdenklich.

„Zieht euch warme, wetterfeste Kleidung an. Nehmt euch Schreibzeug, Kompass und Sitzunterlage mit – und denkt an die Geschenke für die Natur. In zwei Stunden treffen wir uns wieder hier im Gruppenraum", überließ Gerda uns unserem Schicksal.

***

Wie soll ein Baum wissen, was ich tun oder lassen soll?, dachte ich skeptisch, als ich meinen Rucksack für die erste Baumzeremonie meines Lebens packte. *Ich weiß es doch selbst noch nicht, ob ich hier im Sommer mit dabei sein werde. Will ich das denn überhaupt?* Ich grübelte. Was ich in der Nacht zuvor erlebt hatte, war wirklich außergewöhnlich wunderbar gewesen. Von diesem „unbeschreiblichen" Gefühl wünschte ich mir auf jeden Fall mehr. Aber meine innere Betriebswirtin mit ihrem Aufwand-Nutzen-Denken schaltete sich ein: *Stehen die körperlichen Anstrengungen davor überhaupt im richtigen Verhältnis zu dem „unbeschreiblichen" Gefühl danach?*

Ich war gerade aus der Haustür getreten und hatte meine Jacke noch nicht ganz zugeknöpft, da zog mich bereits ein großer, alter Apfelbaum magisch an. Er stand unweit vom Haus auf einer Wiese, die ich vorher überhaupt nicht bemerkt hatte.

Ich bin doch nicht blöd und nehme gleich den ersten Baum, dachte ich und ließ den großen, alten Baum einfach links liegen. Seine Äste hingen stellenweise so tief, dass ich auf Knien hätte kriechen müssen, um an den Stamm zu gelangen. *Wie peinlich ist das denn, wenn ich mir den Weg zum Stamm erst einmal freiräumen muss. Außerdem, was sollen die anderen von mir denken, wenn sie sehen, dass ich hier herumrobbe und mir die Hose schmutzig mache?*

Zum Glück standen auf der Wiese noch andere Apfelbäume. Sie waren viel kleiner und ihre Stämme schienen problemlos erreichbar. Ich ging auf den erstbesten Baum zu, ergriff einen Ast und flüsterte leise: „Unterstützt du mich bei einer Baumzeremonie?“

„Nein“, vernahm ich deutlich die Antwort. „Geh zu dem großen Apfelbaum.“

Irritiert streute ich etwas Dinkel auf den Boden und murmelte: „Danke.“

„Gern geschehen“, sagte der kleine Baum.

Ich versuchte es weiter, doch als sich dieser Dialog wiederholte und vier andere kleine Apfelbäume dasselbe erzählten, wusste ich, dass ich gar keine andere Wahl hatte, als zu dem Großen umzukehren.

Ich war noch einige Meter von ihm entfernt, da begrüßte er mich schon freundlich mit den Worten: „Ich erwarte dich zur Baumzeremonie.“

„Moment“, wunderte ich mich leise flüsternd. „Ich muss dich doch erst darum bitten.“

„Stimmt ja. So steht es wohl auf deinem Zettel.“

Ich überflog kurz meine Notizen, bevor ich einen Ast berührte und leise fragte: „Darf ich mit dir eine Baumzeremonie machen?“

„Aber ja, doch!“, antwortete er begeistert.

Bin ich jetzt verrückt oder bin ich jetzt verrückt? Der Baum redete tatsächlich mit mir! Und ich mit ihm! Es war nicht so wie im Film - ich sah kein Gesicht in seinem Stamm oder Münder auf den Blättern. Trotzdem hörte ich ihn klar und deutlich. Glücklicherweise war weit und breit kein Fremder zu sehen. *Was würde der über mich denken, wenn der mich mit einem Baum reden hörte?*

Ich bestimmte die Himmelsrichtung, dann lief ich mehrmals um den Baum herum, um für die jeweilige Richtung die einfachsten Zugänge zum Stamm zu finden. Die Äste hingen so tief, dass es unmöglich war, direkt um den Stamm herum zu laufen.

„Streng dich an", ermunterte mich der Apfelbaum, als ich tief gebückt die schweren Äste auseinanderbog, um für den Süden an dem Stamm Platz zu nehmen. Ich legte meine Sitzunterlage auf den Boden und holte das Schreibzeug aus dem Rucksack. Erstaunlicherweise war hier so reichlich Platz, dass ich mich bequem mit dem Rücken an den Stamm lehnen und die Beine ausstrecken konnte. Ich stimmte mich ein bisschen ein, indem ich eine Weile still vor mich hin atmete. Dann stellte ich meine Frage: „Wer bin ich?"

„Du bist die, die du sein willst", antwortete der Apfelbaum.

Ich notierte die Antwort, bedankte mich beim Süden dafür und kämpfte mich wieder unter den Ästen hervor.

Um an den Stamm für die Richtung Norden zu kommen, musste ich zuerst über einen tief hängenden Ast steigen. Während ich mich darauf konzentrierte, nicht auf ihn zu treten, blieb ich mit den Haaren in den Zweigen über mir hängen. „Verdammt", fluchte ich. Da hörte ich neben mir ein lautes „Knack!" Sofort entschuldigte ich mich bei dem Baum wegen der Verletzung.

„Don't worry", antwortete er gelassen. „Take it easy."

Als ich umständlich den Stamm erreicht hatte, konnte ich mich beim Sitzen wieder problemlos an ihn anlehnen. Noch ehe ich die Frage nach meiner Aufgabe zu Ende gestellt hatte, erhielt ich als Antwort: „Heile!"

Ich notierte das Wort und blieb lange mit geschlossenen Augen in meiner augenblicklichen Position sitzen. Ich genoss ein angenehmes Kribbeln, das vom Stamm her über meinen Rücken und durch den ganzen Körper zog. Bevor mir die Beine einschliefen krabbelte ich unter dem Baum heraus.

Um im Uhrzeigersinn vom Norden in den Westen zu kommen, lief ich fast ganz um den Baum herum. Auch im Westen versperrten mir tief hängende Äste den Weg zum Stamm. Um mein Gesicht zu schützen, lief ich dieses Mal rückwärts in den Baum hinein, sorgsam darauf bedacht, keinen Zweig abzubrechen.

„Nicht aufgeben", ermunterte der Baum mich liebevoll, als ich kurzzeitig in Betracht zog, die Zeremonie einfach abzubrechen. Irgendwie schaffte ich es auch hier bis zum Stamm vorzudringen. Und auch hier war ausreichend Platz, um mich mit dem Rücken anzulehnen. Durch die herabhängenden Äste fühlte ich mich fast wie in einer Höhle.

„Was soll ich abgeben?", fragte ich diesmal.

„Gedanken, die du dir machst, was andere Leute über dich denken könnten. Sie sind wie Steine, die dich daran hindern, im Fluss des Lebens zu sein."

Tatsächlich hatte ich plötzlich das Gefühl, als hielte ich einen faustgroßen Stein in der Hand. Den wollte ich unbedingt loswerden. Ich stellte die Füße weit auseinander und schob unmittelbar vor mir die verwelkten Blätter beiseite. Dann grub ich ein kleines Loch in den kalten Boden. Weil es mir nicht tief genug erschien, lockerte ich mit einem Taschenmesser noch mehr Boden. Als es in meinen Augen groß genug ausgehoben war, sagte ich in das dunkle Loch hinein: „Bitte, Mutter Erde, alle Gedanken, die mich daran hindern, ich selbst zu sein, gebe ich ab! Bitte transformiere sie! Danke." Dabei warf ich mehrere Prisen Tabak in das Loch. Dann hielt ich einen Moment inne. Bedächtig schüttete ich mit der ausgehobenen Erde das

Loch wieder zu und schob welke Blätter darüber. Nun sah der Platz wieder aus wie vorher.

„Woher komme ich?“, arbeitete ich Gerdas Merkzettel ab.

„Aus mir.“

Ich schwieg ergriffen, denn in diesem Moment war Wind durch die Blätter gefahren. Obwohl ich diesen großen Apfelbaum gefragt hatte, spürte ich, dass diese Antwort aus einer tieferen Dimension gekommen war.

Der Zugang zum Osten war frei, aber dafür gab es zwischen den Ästen am Stamm nicht ausreichend Platz zum Sitzen. Darum kniete ich mich auf die Sitzunterlage, stützte mich mit der linken Hand auf den Boden und berührte mit der rechten den Stamm.

„Was ist mein Herzensweg?“, fragte ich.

„Dich von Altem zu trennen“, antwortete er mit einem Knacken in den Zweigen.

Ich notierte es.

Für die Zentrumsfrage rückte ich unter dem Baum so lange um den Stamm herum, bis ich eine Stelle fand, wo so viel Platz war, dass ich aufrecht im Schneidersitz gegenüber dem Stamm sitzen konnte. Weil ich aber zu ungelenkig war, um den Stamm mit meiner Stirn zu berühren, umschlang ich ihn so gut es ging mit beiden Armen.

„Soll ich an der schamanischen Woche im Sommer teilnehmen?“, stellte ich die entscheidende Frage.

„Unbedingt“, freute sich der Baum. „Das ist genau die richtige Zeit für dich.“

„Soll ich bei d i e s e r Gruppe mitmachen“, konkretisierte ich mein Frage. „Oder soll ich mir eine andere suchen?“

„Das ist egal. Mit schamanischen Gruppen verhält es sich wie mit Baumärkten. Was macht es schon, in welchem du einen

Hammer kaufst. Wichtig ist, wie du ihn als Werkzeug benutzt. Ganz gleich, wo du in die Welt der Schamanen eintauchst, was zählt, ist deine Bereitschaft, dich darauf einzulassen. Es gibt hier nichts, was du nicht auch anderswo lernen könntest. Der Vorteil hier liegt auf der Hand: Du kennst die Schamanin und die Gruppe, die Betten sind bequem und die Küche ist ausgezeichnet."

Ich dankte dem Apfelbaum, indem ich mehrere Hände voll Dinkel um ihn herum streute.

Damit war die Zeremonie eigentlich zu Ende, doch ich verspürte überhaupt keine Lust zu gehen. Ich fühlte mich bei dem Baum so geborgen, dass ich mir unabhängig von der Himmelsrichtung einen leichteren Zugang zum Stamm suchte. Dort breitete ich meine Sitzunterlage aus, umschlang den Stamm mit meinem rechten Arm und schmiegte mich an ihn. Mit jedem Atemzug sog ich seine unglaubliche Kraft ein, während er zu mir sprach: „Ich stehe hier bei Sonne und Sturm. Ich trotze Hitze und Regen. Ich bin fest mit dem Boden verwurzelt und gleichzeitig beweglich, um mit dem Wind zu tanzen. Ich bin einfach nur da, spende jedem Schatten und gebe allen Früchte. Ich bin wie du. Du bist wie ich."

Ergriffen kullerten mir Tränen des Glücks über die Wangen.

Kurz bevor Gerda uns mit dem „Gong" der Klangschale in den Gruppenraum zurückrief, flüsterte mein neuer Freund mir zu: „Es ist Zeit für dich zu gehen." Weil es mir schwerfiel, mich von ihm zu trennen, scherzte er zum Abschied: „Ich warte hier auf dich. Versprochen. Ich gehe nicht fort."

***

„Ich bin im Sommer dabei", teilte ich in der Abschlussrunde mit und bekräftigte das mit einem sehr bestimmten „Aho!"

Als wir uns ein letztes Mal im Kreis aufstellten, an den Händen hielten und gemeinsam das Abschiedslied sangen, fühlte ich, dass ich eine gute Entscheidung getroffen hatte:

Tief in die Erde wie ein Baum.
Hoch in den Himmel wie ein Baum.
Geht mein Weg, geht mein Weg.

Mittwoch, 17. März 2010

Am Vormittag war ich bei Rebecca und berichtete ihr haarklein, was ich an diesem Wochenende bei Gerda erlebt hatte. Dabei war meine Begeisterung mit einer riesigen Portion Skepsis unterlegt.

„Ich verstehe das alles nicht“, erzählte ich ihr von meinen Zweifeln. „Was ist da mit mir geschehen? Wie funktioniert das?“

Weil mich das Gefühl beschlich, Rebecca hatte keine Ahnung, wovon ich sprach, fasste ich es langsam und deutlich zusammen: „Ich rede mit Bäumen?“ Dann sprudelte es aus mir heraus: „Wie ist das möglich? Dass es möglich ist, habe ich ja selbst erlebt. Aber wie geht das? Ich will es verstehen können.“

„Das musst du nicht. Lass es einfach geschehen“, hörte ich Rebecca säuseln.

„Manchmal glaube ich fast, ich leide an einer beginnenden Schizophrenie.“ Auf ihren ungläubigen Blick hin, fügte ich erklärend hinzu: „Weißt du, im Laufe der Baumzeremonie habe ich meine Sätze nicht mehr laut gesprochen. Es schien mir eher, wie eine Unterhaltung auf einer anderen Ebene – mehr, wie ein Gespräch in Gedanken. Das ist doch schizophren, oder nicht?“

„Sei unbesorgt“, sagte Rebecca nun sehr ernst und musterte mich eindringlicher. „Bei dir liegt keine Ich-Störung vor. Ich kann keine Wahrnehmungsstörung feststellen, dein Denken ist klar, deine Affektivität unauffällig.“

„Danke, Frau Therapeutin“, deutete ich theatralisch eine leichte Verbeugung an. Sie musste es ja wissen. Rebecca hatte unter anderem eine Ausbildung zur Heilpraktikerin für Psychotherapie gemacht. Leider hatte sie vor der erforderlichen Prüfung vor dem Amtsarzt gekniffen und durfte deshalb diesen Titel nicht tragen. Sie behauptete immer, auf den Prüfungsstress gut verzichten zu können.

„Ich wünsche mir Antworten auf die aufgeworfenen Fragen“, sagte Rebecca laut und blickte in die Luft. Kurz darauf stand sie auf und zog mit schlafwandlerischer Sicherheit ein Buch aus dem meterhohen Bücherregal in ihrem Wohnzimmer.

„Lass das!“, wiegelte ich ab. Ich fühlte mich von ihr auf den Arm genommen. „Ich weiß, dass man sich beim Universum einen Parkplatz bestellen kann. Aber hier geht es um Wichtigeres!“

„Du kannst dir alles vom Universum wünschen“, widersprach meine Freundin und schlug spontan das Buch an einer Stelle der über zweihundert Seiten auf: „Hier ist der Beweis.“

Sie hielt mir das geöffnete Buch vor die Nase und ich las: „(...) dass es sich bei einigen der dramatischen Erfahrungen und ungewöhnlichen Geistesverfassungen, die von der klassischen Psychiatrie als Geisteskrankheiten diagnostiziert und behandelt werden, in Wirklichkeit um Krisen bei der persönlichen Transformation, um spirituelle Notfälle handelt (...)“ [(4)]

„Und nun?“ Verwirrt ließ ich das Buch „*Spirituelle Krisen*“ von Stanislav und Christina Grof sinken.

„Musst du herausfinden, ob es sich bei dir um eine echte Psychose oder eine spirituelle Krise handelt. Ich tippe auf Letzteres“, lautete Rebeccas Diagnose.

„Und wie soll ich das machen?“, fragte ich verunsichert.

„Geh im Sommer zu den Schamanen.“

Beim Abschied drückte sie mir das Buch „*Pflanzen der Kelten*“ von Wolf-Dieter Storl in die Hand.

Als ich zu Hause vor dem Einschlafen darin las: „(...) Indianer könnt ihr Europäer nicht werden (...) denn (…) Amerika (…) hat eigene Medizin (Kräfte) und diese hat uns geprägt. (...) Aber ihr könnt euch hier wieder mit der Erdenmutter verbinden (...)“ [(5)], fiel mir ein riesiger Stein vom Herzen. Es beruhigte mich ungeheuer zu wissen, dass ich mit meinen Wahrnehmungen nicht alleine war. Auch andere Menschen sprachen von „Mutter Erde“. Das bestätigte mir, dass ich nicht an Hirngespinsten und eingebildeten Fantasien litt.

Es bewies, dass ich n i c h t verrückt war!!!

Roofts – Ein Geschenk des Universums

Samstag, 20. März 2010

Ich stand in unserem Garten unter dem Kirschbaum und beendete gerade meine Qi Gong Übungen der „Acht Brokate“, dabei ruhten meine Hände auf dem Bauchnabel. Mit geschlossenen Augen atmete ich entspannt vor mich hin.

Plötzlich begann es in meinem Kopf sonderbar zu rauschen und ich spürte einen ungewohnten Druck auf meinen Ohren. Dann vernahm ich Worte, ohne eine Stimme dabei zu hören: „Stell' dir vor, unter deinen Fußsohlen wachsen Wurzeln tief in fruchtbaren Boden hinein, und deine Arme strecken sich dem Himmel entgegen.“

Nachdem ich mich - verwirrt über das unerklärliche Phänomen - im Garten umgesehen und mich vergewissert hatte, dass die Stimme von keinem menschlichen Wesen in meiner Nähe gekommen sein konnte, folgte ich den Worten.

Ich schloss wieder meine Augen und stellte mir vor, wie aus meinen Füßen kleine Wurzeln wuchsen, die sich immer weiter verzweigten und sich tief in den Boden gruben. Meine Arme wurden zu starken Ästen. Es dauerte gar nicht lange, und ich spürte im ganzen Körper ein wohliges Kribbeln.

„Wie ein Baum ziehst du nun Kraft aus dem Boden und der Luft“, vernahm ich weiter die Worte ohne Stimme. „In diesem Zustand bist du Menschenkind eingebunden zwischen Mutter Erde und Vater Himmel. So bist du mit allem Eins. Das ist dein natürlicher Zustand. Du bist so jederzeit mit dem Universum verbunden. Leider hast du das vergessen, darum mach dir diesen Zustand immer wieder bewusst.“

Ich hatte das Gefühl, wie eine Diode zwischen zwei Polen zu leuchten. Ich spürte gerade noch die warmen Glückstränen auf meinen Wangen, bevor ich mich aufzulösen schien und zu verschmelzen mit allem, was um mich herum war.

Schwerelos und körperlos schwebte ich durch Zeit und Raum in der Unendlichkeit …

Irgendwann holte mich ein tiefer Atemzug in die Gegenwart. Ich spürte, wie alle Energieteilchen zu mir zurückkamen, als ich mich wieder materialisierte.

Meine anfängliche Verwirrung über die merkwürdigen Worte ohne Stimme war schnell einer tiefen Ruhe gewichen. Sonderbarerweise hatte ich mich sicher und geborgen gefühlt. *Hat da etwas „Höheres“ zu mir gesprochen? Vielleicht eine andere Bewusstseinsebene oder eine andere Dimension?*

Die Worte ohne Stimme waren wie auf einem Tuch durch den Raum geschwebt. Sie erinnerten mich an das längst vergessene Gefühl, Teil eines Ganzen zu sein.

Woher waren diese Worte ohne Stimme, die eine Botschaft für mich enthielten, gekommen? Von einer höheren Macht? Meinem höheren Bewusstsein? Meinem höheren Selbst?

Sonntag, 21. März 2010

Noch tief beeindruckt von den Ereignissen gestern zog es mich wieder unter den Kirschbaum. Ich begann dieses Mal gleich mit der Qi Gong Abschlussübung. Mit geschlossenen Augen konzentrierte ich mich auf meine Atmung, legte meine Hände auf den Bauchnabel und ging mit meiner Aufmerksamkeit zu den Füßen. Dort stellte ich mir vor, dass aus den Sohlen Wurzeln ins Erdreich wuchsen, wie am Tag zuvor.

Plötzlich rauschte es wieder in meinem Kopf und ich spürte den mittlerweile nicht mehr ungewohnten Druck auf den Ohren. Dann vernahm ich wieder die Worte ohne Stimme: „Bei jedem Einatmen fließt frische Energie durch die Wurzeln unter deinen Füßen, durch die Beine und das Becken bis zum Bauchnabel, wo deine Hände liegen. Das ist die weibliche Yin-Energie, die Energie der Mutter Erde. Wenn du ausatmest, gibst du die verbrauchte Yin-Energie aus deinem Bauch durch das Becken, die Beine und die Füße wieder an die Erde zurück."

Aufmerksam verfolgte ich meine Atmung und nahm tatsächlich wahr, wie beim Einatmen etwas Kraftvolles in meinem Körper floß. - Beim Ausatmen verließ etwas weniger Kraftvolles meinen Körper wieder. Ich stellte mir vor, ich sei Teil einer Welle, die in immer gleicher Regelmäßigkeit ans Ufer gespült wird. Bald schon kribbelte es deutlich in meinem Unterleib.

„Stell' dir eine Lichtquelle über deinem Kopf vor", vernahm ich erneut die Worte ohne Stimme. „Bei jeder Einatmung fließt aus ihr frische Energie über deinen Kopf, die Schultern und Arme bis zum Bauchnabel, wo deine Hände liegen. Das ist die männliche Yang-Energie. Die Energie von Vater Himmel. Beim Ausatmen gibst du die verbrauchte Yang-Energie über die Arme, Schultern und den Kopf wieder an die Lichtquelle über deinem Kopf zurück."

Jetzt konzentrierte ich mich beim Atmen auf meinen Oberkörper. Fasziniert verfolgte ich den Wechsel zwischen frischer und verbrauchter Energie und bewunderte die Harmonie in dieser Bewegung. Bald schon kribbelte es nun auch in meinem Oberkörper. Dieses Kribbeln im ganzen Körper fühlte sich wohlig gut und angenehm an.

Ich fühlte mich stark, kraftvoll … einfach toll! Ich hatte das Gefühl, ganz in meiner Mitte zu sein … es war einfach berauschend!!!

„Geh nun mit deiner Aufmerksamkeit zum Bauch, wo deine Hände liegen", vernahm ich die Worte ohne Stimme noch einmal. „Bei jeder Einatmung verbindet sich hier neue Yin-Energie mit neuer Yang-Energie. Stell' dir vor, wie dieser frische Energieschub in jede Zelle deines Körpers fließt und diese mit neuer, unverbrauchter Energie versorgt. Beim Ausatmen wird die alte, verbrauchte Energie an das Universum zurückgegeben."

Unzählige Atemzüge lang genoss ich diesen Kreislauf des Energietankens ganz bewusst. Irgendwann nahm ich Licht um mich herum wahr.

… Licht ... Licht ... Licht ... überall war nur noch Licht …

… ich selbst war Licht … Es war wirklich unbeschreiblich schön!

Mein Kopf war leer, es gab keinen Gedanken, keine Sorgen – einfach Nichts!

„In diesem Zustand bist du mit allem verbunden", vernahm ich zum wiederholten Mal die Worte ohne Stimme, die zu mir sprachen, als würden wir uns seit Ewigkeiten kennen. „Das ist der Urzustand!"

Ich war zutiefst bewegt und voller Dankbarkeit.

In mir war nur noch Liebe und Frieden …

Mir fehlten die Worte, um zu beschreiben, was einfach nicht beschreibbar war, weil ich kein einziges Wort dafür kannte …

Mittwoch, 24. März 2010

Mit jeder Stunde, die nach diesem unbeschreiblichen Gefühl im Garten verging, wich meine anfängliche Euphorie einem zunehmenden Zweifel an meinem Geisteszustand.

„Ich höre Stimmen", gestand ich Rebecca, als ich auf eine Tasse Tee zu ihr gefahren war. Sie war die Einzige, der ich mich anvertraute und der ich von meinen ungewöhnlichen Erlebnissen zu berichten in der Lage war. Nicht einmal Fred hatte ich auch nur ein Sterbenswörtchen von meinen Abenteuern unterm Kirschbaum erzählt. Ich fürchtete, er würde meinen Verstand infrage stellen. „Ich glaube, jetzt werde ich doch langsam verrückt", sagte ich zu meiner Freundin.

„Das glaube ich nicht", widersprach Rebecca entschieden. „Wir leben in einer Zeit, wo sich die Schwingung der Erde verändert und das Energiefeld durchlässiger wird. Wir Menschen spüren es durch zunehmende Medialiät."

Ratlos sah ich Rebecca an und runzelte die Stirn. „Medialität?"

„Ja", antwortete meine Freundin, die auf diesem Gebiet eine Expertin war. „Wir werden immer sensitiver und feinfühliger – offener für Energien, die schon immer da waren, die wir bisher aber nicht wahrnehmen konnten. Ein medialer Mensch hört, fühlt oder nimmt Dinge wahr, für die es keine Beweise gibt. Jeder Mensch bringt bei seiner Geburt mediale Fähigkeiten mit. Entweder ist er hellhörig, hellsichtig oder hellfühlig. Leider verlieren die meisten Menschen ihre Fähigkeiten auf dem Weg ins Erwachsenenalter. Wenn diese Fähigkeiten zu einem späteren Zeitpunkt jedoch wieder erwachen, dann haben wir zunächst einmal keine Ahnung, wie wir damit umgehen sollen. Dann machen sich typische Zweifel breit, wie bei dir jetzt." Rebecca sah mir lange ernst in die Augen. „Dabei können uns gerade mediale Wahrnehmungen helfen, wichtige Informationen aus der geistigen Welt zu bekommen – über uns! Sie können uns in unserer persönlichen Entwicklung unterstützen, um seelisch zu wachsen und unsere Lebensaufgabe zu erkennen." Dann fragte sie besorgt: „Machen dir die Stimmen Angst?"

„Im Gegenteil. Ich habe das Gefühl, sie sind mir wohlgesonnen."

„Das ist gut", nickte Rebecca zustimmend. „Ich will dich nicht beunruhigen, aber du musst wissen, dass es auch in der geistigen Welt Licht und Schatten gibt. Botschaften, die dich ängstigen, erniedrigen oder entmutigen, stammen nicht aus dem Licht. Ignoriere sie! Noch besser ist es, zu beobachten, wie sie sich auflösen, wenn du sie z. B. wie mit einer Taschenlampe mit Licht überschüttest, oder sie bittest, in den Lichtkegel zu kommen. Botschaften aus der Lichtebene sind nämlich immer hoffnungsvoll und förderlich. Sie sind immer Angebote, die dich stärken."

Rebecca machte eine Pause, um mich alles, was sie gesagt hatte, verdauen zu lassen. Dann fragte sie neugierig: „Was haben dir die Stimmen denn gesagt?"

Daraufhin erzählte ich Rebecca ausführlich von meinen Erlebnissen unter dem Kirschbaum.

„Das würde ich auch gern mal ausprobieren", wünschte sie sich.

„OK", freute ich mich über ihr Interesse.

***

Wir schoben die Sessel in ihrem Wohnzimmer so zusammen, dass wir uns gegenübersaßen. Ich holte tief Luft und überlegte noch, wie ich beginnen sollte, als ich ein mir mittlerweile bekanntes Kopfrauschen und Ohrendrücken spürte – die beiden Vorläufer für die Worte, die keine Stimme hatten.

Ich wiederholte nun einfach Wort für Wort laut, was ich als Botschaft wahrnahm: „Setze dich bequem hin und stelle beide Füße auf den Boden. Schließe deine Augen und spüre die Sitzfläche unter deinem Po“, leitete ich Rebecca an und ließ ihr ausreichend Zeit zu folgen.

„Lege deine Hände auf den Bauch, in der Höhe des Bauchnabels.“

Ich machte eine Pause.

„Lass jeden Gedanken zu, der kommt – jeden. Verdränge ihn nicht. Stell' dir vor, du setzt den Gedanken auf eine Wolke. Beobachte, wie diese sich bei jeder Ausatmung weiter von dir entfernt.“

Jetzt legte ich eine längere Pause ein.

„Richte die Aufmerksamkeit auf deine Atmung. Verfolge den Luftstrom, wie er beim Einatmen durch deine Nase, die Luftröhre bis hinunter in deine Lungen fließt. - Und dann, beim Ausatmen, wieder durch den Mund zurückströmt. Spüre, wie sich beim Einatmen der Bauch unter deinen Händen hebt und beim Ausatmen wieder senkt.“

Nach mehreren Atemzügen sagte ich: „Stelle diesen Vorgang jetzt auf Autopilot. Dann geh mit deiner Aufmerksamkeit zu deinen Füßen. Stelle dir vor, wie unter deinen Sohlen starke Wurzeln in fruchtbaren Boden wachsen, die tief ins Erdreich ragen.“

Wieder machte ich eine Pause, damit Rebecca den Anweisungen gut folgen konnte.

„Bei jeder Einatmung fließt durch die Wurzeln frische Yin-Energie. Sie fließt durch deine Füße, Knie, Oberschenkel, durch dein Becken bis zum Bauchnabel, wo deine Hände liegen.

Diese Energie kannst du z. B. als Farbe oder ein schönes Gefühl wahrnehmen. Du kannst sie aber auch als Wärme oder ein Kribbeln spüren. Und wenn da gar nichts ist, dann ist das auch in Ordnung. Allein das Bewusstsein um die weibliche Yin-Energie reicht aus. - Bei jeder Ausatmung gibst du die verbrauchte Energie an den Boden zurück."

Nach mehreren Atemzügen sagte ich: „Stelle diesen Vorgang jetzt auf Autopilot. Dann geh' mit deiner Aufmerksamkeit zum Kopf und stelle dir ungefähr einen Meter darüber eine Lichtquelle in Form einer Glühbirne oder eines Duschkopfs oder einer Sonne vor."

Ich machte eine kleine Pause.

„Bei jeder Einatmung fließt daraus frische Yang-Energie über deine Haare, dein Gesicht, deine Schultern, deinen Oberkörper, deine Arme bis zum Bauchnabel, wo deine Hände liegen. Diese Energie kannst du z. B. als Farbe oder ein schönes Gefühl wahrnehmen. Du kannst sie aber auch als Wärme oder ein Kribbeln spüren. Und wenn da gar nichts ist, dann ist das auch in Ordnung. Allein das Bewusstsein um die männliche Yang-Energie reicht aus. - Und bei jeder Ausatmung gibst du die verbrauchte Energie an die Lichtquelle zurück."

Wieder ließ ich Rebecca nach einer Weile diesen Vorgang auf Autopilot stellen. „Jetzt gehst du mit deiner Aufmerksamkeit zu deinen Händen, welche auf deinem Bauchnabel liegen. Bei jeder Einatmung verbindet sich hier die frische Yin-Energie aus der Erde mit der frischen Yang-Energie aus dem Himmel. Stell' dir vor, wie dieser Energiemix in jede Zelle deines Körpers fließt und diese mit neuer, unverbrauchter Energie versorgt. - Bei der Ausatmung wird der verbrauchte Energiemix an Himmel und Erde, sprich dem Universum, zurückgegeben."

Ich machte eine sehr, sehr lange Pause – so lange, bis ich fühlte, dass es genug war.

„Atme ein paar Mal richtig tief durch und komme mit deiner Aufmerksamkeit zurück ins Hier und Jetzt“, unterbrach ich das Schweigen nach etwa 15 Minuten, wie mir ein Blick auf die Uhr verriet. „Rolle die Zehen, strecke Arme und Beine, rekel’ dich und öffne deine Augen.“

Dann ließ ich Rebecca genügend Zeit, um wieder in ihrem Wohnzimmer anzukommen.

„Wow“, strahlte sie mich an. „Ist das entspannend! Davon will ich mehr!“

Ich freute mich über ihre Begeisterung.

„Du musst unbedingt Franka und Heike von dieser … dieser ... dieser ...“, suchte sie nach einer passenden Bezeichnung.

„Verwurzelungs – Anbindungs – Achtsamkeitsmeditation“, half ich ihr weiter.

„Das ist viel zu lang“, wehrte Rebecca ab. „Jedenfalls musst du den beiden unbedingt davon erzählen. Und dann solltest du Kurse geben. Diese ...“, wieder suchte sie nach einer zutreffenden Bezeichnung, „diese ... ‚Activity‘“, dabei malte sie Gänsefüßchen in die Luft, „ist so genial, davon muss die ganze Welt erfahren!“

„Erst einmal brauchen wir einen passenden Namen“, dämpfte ich ihren Höhenflug. „Meditation finde ich nicht gut.“

„Stimmt“, sagte sie. „Das klingt nach Disziplin und harter Arbeit.“

„Übung?“, versuchte ich es vorsichtig.

„Wie langweilig. Du brauchst einen vollkommen neuen Begriff für diese ‚Activity‘“, wieder malte Rebecca Gänsefüßchen in die Luft. „Etwas noch nie da Gewesenes!“

Wir forschten in unseren Hirnwindungen nach passenden Worten. Weil uns aber nichts Kreatives einfiel, schlug Rebecca vor: „Lass uns das Universum um Unterstützung bitten."

„Ich glaube nicht, dass es für", jetzt malte ich Gänsefüßchen in die Luft, „Begrifflichkeitensuche zuständig ist", widersprach ich.

„Warum nicht?"

Ja, warum eigentlich nicht? Es kann auf keinen Fall schaden, dachte ich und formulierte ans Universum die Bitte: „Ich wünsche mir einen Namen für die Verwurzelungs-Achtsamkeits-Anbindungs-Meditationsübung."

Dann folgte ich Rebeccas Beispiel und schloss meine Augen, konzentrierte mich auf die Atmung und wartete. In meinem Kopf formten sich die unterschiedlichsten Begriffe, die jedoch alle durch die Filter meiner Assoziationen fielen, weil ich sie als vorbelastet empfand. Wie durch einen dicken Wattebausch hindurch erinnerte ich mich an einen Vortrag des Coach und Pädagogen Andreas Winter. „Haben sie Angst vor dem XST?", hatte er sinngemäß gefragt und uns verdutzten Zuhörern das Ausbleiben der Angst erklärt: „Sie haben keine Angst vor dem XST, weil sie nicht wissen, was XST ist!"

Genau so etwas wollte ich! Ich wollte einen Begriff, auf den niemand etwas projizieren konnte, weil es ihn einfach noch nicht gab.

„ROOFT", platzte es plötzlich aus mir heraus. Ich sah vor meinem inneren Auge dicke Wurzeln, die tief ins Erdreich ragten, während im gleichen Moment Rebecca sagte: „Ich sehe vor meinem geistigen Auge ein riesiges Dach."

Wir schwiegen beide ergriffen in einem Gefühl tiefer Verbundenheit.

„Das klingt nach Heimkehr", sprach Rebecca nach einer Weile in die friedvolle Stille hinein. „Rückkehr nach Hause. Geborgenheit unter einem Dach finden."

Ich sah vor meinem inneren Auge einen großen Baum mit starken Wurzeln und einer riesigen Krone. „Moment mal!“ Ich schreckte von meinem Bild hoch. „Wieso Dach? Ich rede von Wurzeln!“

„Du sagtest ‚Roof‘ “, erinnerte mich Rebecca. „Und ich sehe ein Dach. Das englische Wort für Dach ist roof.“

„Ich sagte Rooft“, korrigierte ich sie und betonte dabei besonders den letzten Buchstaben am Ende des Wortes. „Und ich sehe Wurzeln.“

„Ist doch egal“, winkte Rebecca ab.

„Wirklich!“, bezweifelte ich meine Wahrnehmung und ihre Aussage. „Wieso redest du vom Dach, wenn ich Wurzeln meine?“

Ich hatte die Frage kaum gestellt, da fand ich selbst schon die Antwort: Ich stand auf dem Boden und verwurzelte mich über meine Füße, während ich meine Hände wie ein Dach zum Himmel streckte. - Ich war überwältigt vor Freude. *Welch passender Name für eine Verwurzelungs-Anbindungs-Achtsamkeitsübung!* Dennoch fehlte mir etwas an dem Wort ‚Rooft‘. Irgendwie klang es noch nicht richtig rund.

„Deine Wurzel ist mein Fundament und mein Dach ist deine Krone. Ohne Wurzel kein Dach“, fasste Rebecca im selben Augenblick zusammen. „Roof heißt übersetzt Dach, root ist übersetzt Wurzel, roof plus root ist gleich Rooft.“

„Und dann noch ein s angehängt“, sprach ich aus, was mir gerade durch den Kopf geschossen war. „Roofts? Roofts!“, klatschte ich begeistert in die Hände. *Jetzt klingt's stimmig.*

„Roofts“, Rebecca lauschte dem Klang des Wortes nach. „Klingt fast wie rufts … es ruft! … roofts … hört sich gut an“, nickte sie lobend wie ein Weinkenner, dem gerade ein hervorragender Wein die Kehle hinunterlief. Dann setzte sie noch hinzu: „Englische Wörter liegen voll im Trend.“

Lachend warfen wir uns abwechselnd werbewirksame Slogans wie Tennisbälle zu.

„Roofts, rezeptfrei, kostenlos und ohne Risiken und Nebenwirkungen!“

„Roofts, durch bewusstes Atmen schnell ins Hier und Jetzt!“

„Roofts, entspannen durch verwurzeln: Jederzeit – überall – unauffällig!“

„Roofts, eine Technik, um sich zu erden und Vertrauen in sich selbst zu finden!“

„Roofts, ein Werkzeug, um innezuhalten und Kraft zu tanken!“

„Roofts, ein Weg, um in die Stille zu kommen und sich mit der all innewohnenden Kraft zu verbinden!“

Dienstag, 30. März 2010

„Und?“ Gespannt wie ein Flitzebogen erwartete ich die Meinung von Heidi, einer zertifizierten Yogalehrerin. Wir kannten uns aus der Zeit, als ich an den Wochenenden Bobbys Leidenschaft für Handball bei Heimspielen als Waffelbäckerin und bei Auswärtsspielen als Taximama unterstützte. Wir hatten uns zufällig vor einigen Tagen in der Stadt getroffen. Als ich ihr von Roofts erzählte, war sie neugierig geworden, sodass sie mich heute besuchen kam, um es auszuprobieren.

„Wo hast du das gelernt?“, fragte Heidi ernst. Ihr sachlicher Ton irritierte mich ebenso wie ihr skeptischer Blick. Beides passte nicht zu der Entspannung, in der ich Heidi unmittelbar nach Roofts erlebt hatte.

Für einen kurzen Moment kam mir die Idee, den Ursprung von Roofts nach Indien zu verlegen, um die Herkunft plausibler zu machen. Ich konnte es zum Beispiel in einem entfernten Dorf bei einem Yogi gelernt haben – oder noch besser, ich konnte ein Seminar bei einem Guru besucht haben. Ein Zertifikat dafür ließe sich sicher ohne Probleme am Computer erstellen. Weil aber mein Drang zur Ehrlichkeit überwog, stammelte ich nervös: „Ich habe ... mir ist ... eines Tages machte ...“

Bruchstückchenweise gab ich preis, wie ich Roofts entdeckt hatte. Ich musste zugeben, dass es selbst in meinen Ohren abgefahren klang, was ich Heidi in wenigen Sätzen über deren Entstehung erzählte.

„Roofts ist eigentlich nichts Neues“, brachte ich es letztendlich auf den Punkt. „Es ist altes Wissen, komprimiert und neu aufgelegt. Ich sehe in Roofts so etwas wie die jüngere Schwester von Yoga und Qi Gong.“

„So, so“, sah Heidi mich mit leicht besorgtem Blick an. „Die jüngere Schwester also.“ Ihr Tonfall verriet, dass sie mich jetzt für eine Spinnerin mit leichtem Hang zum Größenwahn hielt.

„Ja“, plauderte ich drauflos. „Roofts schlägt eine Brücke vom alten Wissen der Menschheit ins moderne Heute. Jeder klagt doch über viel Stress und wenig Zeit. Ist es da nicht wunderbar, wenn man Dank Roofts eigenverantwortlich etwas für sich tun kann, was nicht mehr ewig dauert? Außerdem kann man – im Gegensatz zu Yoga und Qi Gong – Roofts zu jeder Zeit, überall und unauffällig ausüben. Das ist doch toll!“ Ich glühte förmlich in missionarischer Begeisterung.

Heidi schüttelte entgeistert den Kopf. „Was du sagst, ist anmaßend.“ Ihre Stimme klang vorwurfsvoll. Dann fügte sie mit einem Hauch Verachtung hinzu: „Was glaubst du eigentlich, wer du bist?“ Sie musterte mich abschätzend und sagte herablassend: „Glaubst du wirklich, jemand könnte mit deinen lächerlichen Roofts das Gleiche erreichen, wofür die Menschen seit jeher ein langes, hartes Training benötigen?“

„Ja“, sagte ich überzeugt. Doch als Heidi gegangen war und ich die Haustür hinter ihr geschlossen hatte, stellte ich mir die gleiche Frage: *Was glaube ich eigentlich, wer ich bin?*

Die Antwort fand ich wenig später. Sie lag zusammengefaltet in meiner Brieftasche. Es waren die Worte von Marianne Williamson aus ihrem Buch *„Rückkehr zur Liebe“*, die Nelson Mandela in seiner Antrittsrede als Präsident von Südafrika zitiert hatte: „Unsere tief greifendste Angst ist nicht, dass wir den Anforderungen nicht gewachsen sind.
Unsere tief greifendste Angst ist, dass unsere Kraft jedes Maß übersteigt.
Unser Licht, nicht unsere Dunkelheit ist es, das uns am meisten Angst macht.

Wir fragen uns, wie kann ich es wagen, brilliant, hinreißend, talentiert und fabelhaft zu sein?
Doch in der Tat, wie kannst du es wagen, es nicht zu sein?
Wenn du dich klein machst, erweist du der Welt keinen Dienst.
Es ist nichts Einleuchtendes daran zu schrumpfen, weil sich andere Leute in deiner Gegenwart unsicher fühlen.
Wir sind geboren worden, um den Glanz Gottes, der in uns ist, zu verwirklichen.
Und er ist nicht nur in einigen von uns, er ist in jedem Menschen.
Und wenn wir unser eigenes Licht strahlen lassen, geben wir unbewusst den anderen Menschen die Erlaubnis dasselbe zu tun.
Wenn wir uns von unserer eigenen Angst befreit haben, befreit unsere Gegenwart automatisch auch andere.“ [6]

Das war es: Wenn ich mich von meiner Angst befreien würde, wäre das ein wunderbarer Anfang.

Roofts zu praktizieren, fiel mir von Tag zu Tag leichter. Am Anfang ging ich täglich unter den Kirschbaum im Garten, schloss meine Augen und konzentrierte mich für mindestens 10 Minuten ganz bewusst auf Roofts.

Bald schon gelang mir das sogar mit offenen Augen. Daraufhin probierte ich es aus, mich im Alltag in allen möglichen Situationen des Wartens auf Roofts zu konzentrieren – an der Kasse im Supermarkt, als Taximama oder an der Bushaltestelle.

Schließlich „rooftste" ich das erste Mal an einer Verkehrsampel während der Rotphase. Ich atmete tief ein und stellte mir im gleichen Moment vor, wie starke Wurzeln aus meinen Fußsohlen wuchsen.

Am Ende praktizierte ich Roofts in allen Situationen, die mir früher Stress bereitet hatten. Das waren Momente, in denen ich die Nummer meiner Mutter im Telefondisplay sah, mit einem meiner Söhne diskutierte oder bei einem Arztbesuch meine eigene Meinung vertreten musste. Ich atmete dann tief ein und stellte mir im selben Moment vor, wie unter meinen Füßen tiefe Wurzeln in den Boden wuchsen.

Dank Roofts wurde ich viel selbstsicherer.

So rooftste ich z.B. am Elternsprechtag, als ich vor dem Mathelehrer saß, welcher an der ganzen Schule verhasst war und der mich mit den Worten begrüßt hatte: „Ihr Sohn ist stinkend faul und überheblich."

Ich überlegte, woher dieser Lehrer das wissen konnte. *Bisher waren das Eigenschaften, die Konrad nur zu Hause zeigte.*

„Er macht keine Hausaufgaben und redet nicht mit mir. Tragen sie dafür Sorge, dass sich das ändert", setzte der Mann scharf hinzu.

Früher hätten mich solche Vorwürfe in meiner Rolle als Mutter tief erschüttert, doch diesmal blieb ich ganz ruhig und erwiderte: „Mein Sohn ist 15 Jahre alt und selbst dafür verantwortlich, was er in der Schule tut. Wie sind denn seine Leistungen in Mathe?"

„Erstaunlicherweise gehören seine Arbeiten zu den besten in der Klasse, und wenn er sich nach meiner Aufforderung zu einer Antwort herablässt, erstaunen mich seine fundierten Beiträge."

„Sind Hausaufgaben nicht dazu da, um den Stoff aus dem Unterricht nachzubereiten und zu festigen?", wollte ich wissen.

Der Lehrer nickte zustimmend.

„Wie die schriftlichen Zensuren bestätigen, scheint Konrad den Lernstoff bereits im Unterricht zu verstehen, sodass er Mathehausaufgaben für überflüssig hält. Das kann ich gut nachvollziehen." Dann wechselte ich das Thema: „Dass er sich im Unterricht nicht meldet, liegt an seiner Redeschwäche. Er fühlt sich unsicher, vor größeren Gruppen zu sprechen."

„Daran muss er etwas ändern", antwortete der Lehrer. „Je höher die Klassenstufe, umso mehr Wertigkeit bekommt die mündliche Mitarbeit. Auch für seine berufliche Entwicklung ist es wichtig, dass er lernt, sich gut zu verkaufen."

„Leider", seufzte ich. „Leider ist es heute so, dass viel zu viele Leute viel zu lange, mit heißer Luft gefüllte Reden halten, während die klugen Köpfe im Stillen meist ignoriert werden. Ich wünschte, die Gesellschaft würde endlich anfangen umzudenken."

Auf diese Aussage hin erlebte ich den unbeliebten Lehrer zum ersten Mal sprachlos. Ich verabschiedete mich freundlich, stand auf und ging.

Ja, dank Roofts war ich wirklich selbstsicherer geworden. Ich fühlte mich wie ein kräftiger Baum, der eine üppige Krone, einen festen Stamm und tiefe Wurzeln hatte – so, wie mein Apfelbaum auf Gerdas Wiese. *Zeigt uns die Natur nicht immer wieder, dass stürmische Zeiten mit einer guten Verwurzelung wesentlich besser zu überstehen sind?*

Auch meinen vier Männern war meine Veränderung nicht verborgen geblieben. Als ich ihnen damals von Roofts erzählt hatte, hatten sie milde gelächelt; Roofts bisher aber nie selbst ausprobiert.

Was soll´s? - Letztendlich profitierten sie alle von meiner neu gewonnenen Gelassenheit. So, wie bei einem Mobile alles in Bewegung gerät, sobald nur ein einzelnes Teil bewegt wird, entschärften sich jetzt bei uns in der Familie aufgeladene Situationen, weil Roofts mir half, einen klaren Kopf zu behalten und die Ruhe zu bewahren – meistens jedenfalls.

Wenn bei mir nun ein, durch die Wechseljahre bedingter, Wutanfall im Anmarsch war und ich rechtzeitig rooftste, lief er viel entspannter ab. Selbst wenn ich ihn zu spät bemerkte, kam ich mit Roofts schneller wieder runter. *Natürlich weiß ich, dass ich durch Roofts die Situation nicht ändern kann, aber ich kann mich für die Situation stärken, um sie gelassener zu meistern!*

In meinem Wortschatz gab es jetzt drei wichtige Begrifflichkeiten mehr:

1. „Roofts“, das war die Verwurzelungs-Anbindungs-Achtsamkeitsübung,

2. „Roofts machen“, das bedeutete die komplette Durchführung der Übung,

3. „rooftsen“, das war die Kurzform der Übung. (Dabei stand ich mit beiden Füßen fest auf dem Boden, atmete bewusst tief ein und stellte mir im gleichen Moment vor, wie ein Baum tief verwurzelt zu sein.)

Immer öfter hörte oder las ich den Begriff „Erdung“. Dann war ich dankbar, dass ich Roofts als Werkzeug dafür hatte und dachte bei mir: *Verwurzeln ist nicht alles, aber ohne Verwurzeln ist alles nichts.*

Donnerstag, 13. Mai 2010

Ein paar Wochen später sah alles ganz anders aus.

Meine Gedanken rasten, ich war unkonzentriert und müde. Ständig musste ich heulen, und mein linkes Augenlid zuckte unkontrolliert. Eigentlich wusste ich, dass ich durch Roofts meine Gedanken stoppen und Energie tanken konnte, aber irgendeine Kraft in mir schien meinen Willen lahmgelegt zu haben. *Was ist los mit mir? Wie ferngesteuert tue ich alles, von dem ich weiß, dass es mir nicht guttut!*

Ich trank nicht genügend, stopfte mich im Vorbeigehen mit Kohlenhydraten voll, Radio hörend las ich zwei Bücher gleichzeitig, zappte von einem Fernsehkanal zum anderen und fing mehrere Dinge gleichzeitig an, von denen ich jedoch nichts zu Ende brachte. *Warum mache ich das?,* ging es mir ständig durch den Kopf.

Der Frühjahrsputz stand an, im ganzen Haus musste längst Ordnung geschaffen werden, die Schränke schrien danach, ausgemistet zu werden. Ich sah Berge von Arbeit um mich herum, doch ich wusste nicht, womit ich beginnen sollte. Also fing ich erst gar nicht an, worüber ich mich wiederum sehr ärgerte.

„Du solltest Roofts machen!“, erinnerte mich leise eine Stimme tief in mir. „Damit kannst du diesen Kreislauf durchbrechen!“

Doch ich hatte keinen Antrieb. Allein bei dem Gedanken an Roofts überfiel mich bleierne Schwere. Alles nervte mich und ich war total frustriert. Meine Familie versuchte einen großen Bogen um mich zu machen, und fasste mich mit Glacèhandschuhen an, damit keiner meine geballte Unzufriedenheit zu spüren bekam.

Montag, 17. Mai 2010

Seit Tagen plagten mich beim Aufstehen wahnsinnige Schmerzen in der Schulter und im Nacken, die zum Glück im Laufe des Tages wieder verschwanden. Obwohl ich schon die verschiedensten Kopfkissen ausprobiert hatte, wachte ich jeden Morgen wie gerädert von diesen Schmerzen auf.

Mir war klar, dass mir Qi Gong hätte helfen können, doch fehlte mir momentan einfach die Zeit dafür.

Die Steuererklärung wartete, im Garten mussten die Beete vorbereitet werden, um Kartoffeln, Möhren & Co. zu pflanzen, und für einen Projekttag in der Schule sollte unser Familienstammbaum zusammengetragen werden. Dazu kam noch die Kindererziehung und der ganz normale Alltag: kochen, waschen und einkaufen – alles Aktivitäten, die gern unterschätzt werden.

So umfasste Letztgenanntes auch, den Speiseplan der nächsten Tage für fünf Menschen zu erstellen, die Vorräte zu prüfen und Einkaufslisten zu schreiben. Das hieß weiter, in verschiedenen Läden an meterlangen Regalreihen die Listen abzuarbeiten und die Einkaufskörbe später vom Auto in die Küche zu tragen.

Die Komplexität des Wäschewaschens hielt mich ebenso auf Trab. Das eigentliche Waschen erledigte ja die Maschine auf Knopfdruck, aber wer leerte vorher die Hosentaschen, entrollte die Socken und wendete alle Kleidung auf links, sortierte nach Farben, hängte die Wäschestücke auf, nahm sie wieder ab, bügelte, legte zusammen und lief den Jungs mit der Bitte hinterher, sie mögen doch die frischen Wäschestapel mit in ihre Zimmer nehmen und in die Schränke legen?

Der ganz alltägliche Wahnsinn eben – der meinem Leben so viel Zeit raubte.

„Mach‘ Roofts!“, ermahnte mich eine Stimme tief in mir. Doch ich ignorierte sie erfolgreich mit der fadenscheinigen Begründung, dass das sowieso alles Quatsch war.

Freitag, 21. Mai 2010

Vier Tage später ging nichts mehr.

Gleich am Morgen erwachte ich mit einem total steifen Nacken. Jede kleinste Bewegung verursachte mir unerträgliche Schmerzen. Am Vortag hatte ich bereits alle körperlichen Aktivitäten auf ein Minimum reduzieren müssen, denn der Schmerz hatte sich nicht mehr – wie bisher – im Laufe des Tages gelegt.

Der Wecker zeigte erst fünf Uhr und ich hatte noch etwas Zeit, bevor das tägliche Pflichtprogramm startete, doch an Schlafen war nicht mehr zu denken. Selbst das bewegungslose Liegen tat mir höllisch weh. Ich wusste genau, wenn ich auf Schmerzmittel verzichten wollte, war Qi Gong die einzige Alternative.

Obwohl ich keine Lust auf ein 45 Minuten-Körperübungsprogramm hatte und auch das Vogelgezwitscher und der Sonnenaufgang mich nicht lockten, liefen meine Füße wie von selbst in den Garten – raus an die frische Luft – während der Rest meines zerschlagenen Körpers übellaunig und schläfrig folgte.

Unter dem Kirschbaum schloss ich meine Augen und sah sofort vor meinem inneren Auge ein Bild, auf dem ich wie eine Marionette am Nacken gehalten wurde. *Was soll das denn bedeuten?,* überlegte ich zerknirscht.

Da fiel mir ein, was ich am Tag vorher in dem Buch *„Was dir deine Krankheit sagen will"* von Kurt Tepperwein nachgelesen hatte: „Nackenbeschwerden (...) sind ein Hinweis darauf, dass man die Dinge von allen Seiten betrachten sollte (...) Statt Eigensinn und Starrsinn sollte man seine geistige Beweglichkeit fördern (...)“ [7] *Und was bedeutet das jetzt für mich im Klartext?* Ich hatte keine Ahnung.

Da rauschte es mir plötzlich sehr vertraut in den Ohren und ich vernahm die Worte ohne Stimme mit einer Botschaft für mich: „Bleib locker und in Bewegung.“

Ha, ha, ha, veräppeln kann ich mich selber.

Zu der ersten Qi Gong-Übung der „Acht Brokate“ musste ich mich noch überwinden. Doch je länger ich mich auf die langsamen Bewegungen konzentrierte, umso beweglicher wurde ich und meine schlechte Laune verschwand.

Bei der letzten Übung – eine knappe Stunde später – war ich völlig schmerzfrei und gut gelaunt. Und weil ich noch etwas Zeit hatte, beendete ich den erfolgreichen Morgen im Garten mit einer ordentlichen Portion Roofts.

Da hörte ich erneut die Worte ohne Stimme: „Sorge gut für dich. Verbinde dich jeden Tag mit dem Universum. Nimm dir die Zeit dafür. Das und nur d a s ist im Leben wichtig.“

Freitag, 28. Mai 2010

Seitdem raffte ich mich wieder jeden Tag auf, um bewusst einige Minuten Roofts zu machen. Es ging mir danach immer viel, viel besser. Ich wurde ruhiger, kraftvoller und ausgeglichener.

Ich musste zwar täglich aufs Neue meinen inneren Schweinehund überwinden, aber das anschließend gute Gefühl war den Aufwand wert. Jetzt gelang es mir zunehmend leichter, wieder in jeder alltäglichen Situation zu rooftsen. Bewusst stellte ich bei allen möglichen Gelegenheiten beide Füße auf den Boden, holte tief Luft und hatte im gleichen Moment das Gefühl, ich sei ein fest verankerter Baum.

Ein toller Nebeneffekt von dem Gefühl, in meiner Mitte zu sein war, mein sicheres und selbstbewussteres Auftreten.

Dienstag, 1. Juni 2010

Obwohl ich mir Roofts wieder ganz bewusst in meinen Alltag geholt hatte, musste ich dennoch jeden Tag meinem inneren Schweinehund ein wirksames Kontra bieten, um erfolgreich sein Lieblingsargument zu ignorieren: „Morgen ist auch noch ein Tag."

Um Roofts wieder fest in mein Leben zu verankern, rooftste ich nicht wie früher, nur an der roten Ampel, sondern auch an jeder Treppe: Beide Füße auf den Boden stellen, tiefes Einatmen, Verwurzelung vorstellen. - Und unser Haus hat drei Etagen!

Ganz bewusst nahm ich mir diese Zehntelsekunde Zeit in der Hoffnung, dass dieses Im-Roofts-Sein, (d. h. dieses Angebunden-Sein ans Universum) für mich einmal so selbstverständlich sein würde wie das Atmen. *Wie oft muss ich eigentlich eine Bewegung wiederholen, bis ich sie verinnerlicht habe?*, fragte ich mich bei vielen Gelegenheiten.

Sonntag, 20. Juni 2010

Upps – ich musste wahnsinnig aufpassen, dass ich nicht den gleichen Fehler wiederholte. *Aber gibt es überhaupt Fehler? Sind Fehler nicht eher Aufgaben, die das Leben an mich stellt, damit ich daran wachsen und mich weiterentwickeln kann?* Wie beim letzten Mal fing ich an, Roofts schleifen zu lassen, nachdem es mir dank dieser Übung wieder besser gegangen war.

Nachdem es mir durch die tägliche Anwendung wieder gelungen war, mein Leben als lebenswert zu betrachten, glaubte ich irgendwie, Roofts nicht mehr so dringend zu benötigen. Ich verschob das Rooftsen auf den nächsten Moment ... auf später ... dann auf den nächsten Tag ... den übernächsten Tag ... die nächste Woche. Und dann hatte ich irgendwann Roofts aus den Augen verloren, und zwar so lange, bis es mir wieder richtig schlecht ging.

Aber anders als beim letzten Mal hatte ich diesen Kreislauf zum Glück rechtzeitig bemerkt, sodass ich ihn mit eiserner Disziplin unterbrechen konnte.

Apropos Disziplin, ein wichtiges Detail, vom schamanischen Schnupperwochenende war mir total entfallen. Wie alle anderen Teilnehmer hatte ich mir am Sonntagabend kurz vor der Abfahrt eine Themenkarte aus einem Engelorakel gezogen, um zu erfahren, auf welches Thema ich meine Aufmerksamkeit richten sollte: Disziplin!

Ach nö, hatte ich damals gedacht, denn dieses Wort assoziierte ich mit blindem Gehorsam und Militärdrill auf dem Appellplatz oder mit dem mühevollen Ringen um sportliche Höchstleistungen. Wahrscheinlich hatte ich darum das Erlebnis ausgeblendet?!

Mittlerweile bedeutete Disziplin für mich allerdings etwas anderes - nämlich dranzubleiben. Es war genau wie mit der Gartenarbeit: War es nicht viel erholsamer, jeden Tag ein bisschen im Garten zu werkeln, als einmal in der Woche bis zum Umfallen im Garten zu schuften?

Mein persönliches Auf und Ab in den vergangenen Wochen ähnelte einer Berg- und Talfahrt. Damit in Zukunft die Täler nicht wieder so tief würden, hatte ich mir im Bad einen Smiley an den Schrank über das Waschbecken geklebt. Jedes mal, wenn ich nun in den Spiegel schaute, erinnerte er mich daran: Heute schon gerooftst?

Vielleicht sind Rituale eine gute Hilfe, um Disziplin zu üben? Wie bei jeder Hilfe musste ich aber achtgeben, dass sie mich nicht abhängig machte - dass ich trotz der Rituale flexibel blieb. Wie schnell konnte sonst die hilfreiche Unterstützung zum einschränkenden Hindernis werden, sodass ich mich am Ende in Ausreden verlieren würde?

Rebecca hatte mir das Buch *„Quantenheilung"* von Dr. Frank Kinslow [(8)] geliehen. Es war eine wunderbare Ergänzung zu dem, was Lilo mir vor Kurzem erst gezeigt hatte, nachdem sie ein Seminar zu diesem Thema besucht hatte.

Wie sie erfahren hatte, besaß jeder Mensch einen perfekten Bauplan über sich, welcher in einer „Matrix" enthalten war. Durch psychische und physische Verletzungen konnte es zu Lücken oder Verzerrungen in dieser Matrix kommen, was wiederum dazu führte, dass der Mensch sein ganzes Potenzial nicht voll auszuschöpfen in der Lage war.

Zum Glück ließ sich das aber reparieren – und Lilo hatte mir gezeigt, wie das ging:

„Erstens", hatte sie gesagt, „legt man die eine Hand auf die schmerzende Stelle, zweitens sucht man mit der zweiten Hand um den Körper herum in der Luft nach einem Punkt, den man z. B. am Kribbeln erkennt, und drittens konzentriert man sich in dem Bewusstsein, dass alles Licht und Information ist, auf die beiden Hände. Dann formuliert man in seinem Herzen eine klare Absicht (z. B. dass der Schmerz sich auflösen soll), atmet mit geöffneten Augen ruhig aus und schiebt dabei die Hand aus der Luft langsam in die Richtung der Hand, die auf der schmerzenden Stelle liegt. Dabei kann ein leichter Druck verspürt werden, dem man nach Wunsch nachgeben kann, indem man sich vorsichtig nach hinten fallen lässt."

Lilo war noch gar nicht lange fort, da kündigte ein leichtes Ziehen im Unterbauch mir eine vertraute Blasenentzündung an. Weil ich allein zu Hause war, hatte ich die Methode gleich ausprobiert.

Ich machte es mir auf dem Sofa bequem und legte die linke Hand auf meine Blase. Um mich ohne Ablenkung besser auf meine rechte Hand konzentrieren zu können, schloss ich meine Augen. Langsam strich ich mit der Hand durch die Luft über mir und tatsächlich spürte ich, wie an einer bestimmten Stelle mein rechter Handteller warm wurde. Schob ich die Hand auch nur ein kleines Stückchen weiter, so war sie sofort wieder kalt.

Nachdem ich das ausreichend experimentiert hatte, konzentrierte ich mich wieder auf meine beiden Hände und dachte: *Alles ist Licht!*

Ich hatte wirklich das Gefühl, als floß zwischen ihnen helles, gelbes Licht. Intuitiv wusste ich: *Das ist heilende Energie!* ...

Nun öffnete ich meine Augen, atmete aus und schob dabei langsam die rechte Hand zu mir heran, bis sie auf meinem linken Handrücken lag - die Hand, die immer noch auf meiner Blase platziert war. Ich genoss die Wärme auf meiner Blase so lange, bis ich spürte, dass es genug war. Der Lichtstrom bzw. Energiefluss brach ab, und das leichte Pulsieren in meinen Händen verschwand.

Es war eigentlich nicht zu glauben, aber ich bekam keine Blasenentzündung! *Ein Wunder?!*

Dieses „Wunder" erlebte ich in der folgenden Zeit auch bei Zahn-, Hals- und Kopfschmerzen. Allerdings hatte ich meine Methode hier und da etwas abgewandelt.

Wenn ich Schmerzen hatte, legte ich beide Hände auf das betroffene Körperteil. Dann stellte ich mir vor, wie ich mit meiner rechten Hand über mich in die Luft griff und einen imaginären Wasserhahn an einer imaginären Dusche öffnete. Weiter stellte ich mir vor, wie aus dem Duschkopf heilendes Licht direkt durch meine Hände in das betroffene Körperteil floss. Dann wartete ich geduldig, bis ich das Gefühl hatte, es ist genug. Wenn der Lichtfluss gestoppt war, löste ich meine Hände von dem betroffenen Körperteil und entspannte mich tief.

Jedes Mal durchströmte mich anschließend ein intensives Gefühl von Dankbarkeit und ich verbeugte mich in Gedanken demütig vor dem Universum.

Gestern hatte ich die Licht-fließen-lassen-Methode in leicht abgeänderter Form beim Mittagessen ausprobiert.

„Ich habe in der Deutschklausur eine Drei geschrieben", teilte mir Felix sachlich mit, als er aus der Schule kam.

„Eine Drei?", echote ich mit einem Hauch Verwunderung, weil die schlechteste Note in seinem Lieblingsfach bisher eine Zwei gewesen war.

„Es war die beste Zensur und es gab sie nur einmal!", blaffte er gereizt.

Oh, falsche Reaktion, rügte ich mich selbst und ärgerte mich, dass ich ihn nicht gleich nach dem Zensurenspiegel gefragt hatte. So wäre es gar nicht erst zu dem Missverständnis gekommen.

„Ich habe eine Drei im Diktat“, stürmte Bobby kurz darauf voller Freude in die Küche.

„Super“, lobte ich und freute mich mit ihm mit. Es war seit Monaten die beste Note, die er in Deutsch erhalten hatte. Und das noch vor den Zeugnissen!

„Das ist mal wieder typisch“, motzte Felix. „Da bringt der kleine Liebling ausnahmsweise mal eine Drei nach Hause und gleich werden Freudentänze veranstaltet. Das ist in der Schule genauso bekloppt wie zu Hause. Ist man blöd und bekommt ausnahmsweise mal eine gute Zensur, wird man sofort gelobt, aber wenn man sich immer bemüht und gute Zensuren bekommt, ist das so selbstverständlich, dass es nicht einmal erwähnt wird.“

Bobbys Freude war sofort verflogen. Am liebsten hätte ich darauf etwas erwidert, aber ich spürte, dass jedes Wort zu weiteren Verletzungen geführt hätte. In beklemmendem Schweigen schaufelten wir das Essen in uns hinein. Bobby kämpfte mit den Tränen, Felix ebenfalls. Ich wollte beiden helfen – ohne ein Wort zu sagen – aber wie?

Plötzlich kam mir eine Idee. Ich stellte mir einen großen Duschkopf an der Küchendecke vor, aus welchem heilendes Licht auf die verfahrene Situation am Esstisch floss …

Da geschah das „Wunder“!

Nach einer Weile unterbrach Felix die unangenehme Stille: „He, kleiner Bruder“, sagte er in einer Mischung aus Entschuldigung, Scherz und Anerkennung. „Die Drei ist die Eins des kleinen Mannes. Du kannst echt stolz auf deine Deutschzensur sein.“

Ich konnte förmlich zusehen, wie Bobbys Brust bei diesem Lob vom großen Bruder anschwoll und er mindestens einen halben Meter wuchs.

Danke, verbeugte ich mich in Gedanken vor dem Universum.

Wer bin ich?

Freitag, 15. Juli 2010

„Bist du sicher, dass du nur für eine Woche weg bist?“ Fred guckte skeptisch, als ich die fünfte Tasche ins Auto lud. In Erinnerung an den Platzmangel in den engen Schlafräumen des Himde-Hauses hatte ich mein Gepäck thematisch gepackt.

Eine Tasche mit bequemer Kleidung für drinnen, eine Tasche mit dicker Kleidung für draußen, eine für Schuhe, Gummistiefel und Regenkleidung. In der vierten befanden sich der Bademantel und zwei große Handtücher für die Schwitzhütte. Die fünfte Tasche beinhaltete frische Bettwäsche und Handtücher, diese wollte ich gleich zum Sammeln der Schmutzwäsche nutzen. Einen Koffer mit Frauen- und Männerkleidung hatte ich schon im Kofferraum verstaut. Zwei Schlafsäcke und Isomatten sowie eine präparierte Plane für die Höhle lagen auf dem Rücksitz. Hinzu kam noch ein Plastikkorb mit einem Sammelsurium von Räucherutensilien, wie getrockneter Salbei, Feder und Feuerzeug, Körpermalfarbe, Steine und Murmeln, getrocknete Rosenblüten, Bilder meiner Großeltern und ein Geschenk für den Feuerhüter. Und nicht zu vergessen die Plastiktüte mit den Körperpflegemitteln. Dann noch mein Rucksack mit Schreibzeug, stabiler Unterlage, Kompass und Dinkel. Zum Schluss legte ich die Hausschuhe obenauf – sie waren das Erste was ich im Himde-Haus benötigte.

Per Internet hatte ich zwar eine Mitfahrgelegenheit angeboten, doch nun war ich froh, dass mir das Auto allein gehörte. Es wäre sonst echt eng geworden.

***

„Ihr Lieben, schön, dass ihr da seid“, begrüßte uns Gerda am ersten Abend der schamanischen Woche im Sommer.

Erwartungsvoll hockte ich mit acht anderen Frauen auf den bunten Yogakissen im Gruppenraum des Himde-Hauses. Die meisten Gesichter kannte ich bereits von der Schnupperzeit.

„Ich glaube ja nicht an Zufall“, grinste Gerda. „Darum hat es mich nicht verwundert, als gestern Nachmittag der letzte Mann unserer Gruppe seine Anreise hierher zu uns, um einen Tag verschoben hat.“

Gerda legte ihre Hand auf die Hand der Frau, die links neben ihr saß. „Ich danke dir, Maria, dass du neben deiner eigentlichen Aufgabe als Küchenfee, so lange als meine Assistentin für Karsten und Frank einspringst. Seien wir den Männern für das wunderbare Geschenk, das sie uns durch ihre Abwesenheit machen, dankbar. Bis sie hier sind, werden wir ausgiebig unsere Weiblichkeit feiern.“ Sie breitete pathetisch beide Arme aus. „Ich erkläre hiermit die Stunden bis zu ihrer Ankunft zur Frauenzeit. Eine Zeit, in der wir mehr über die in uns schlummernde Kraft, Schönheit und Sinnlichkeit erfahren und sie in unser Leben holen.

Lasst uns damit beginnen, dass ihr jetzt in den Garten geht und euch einen bunten Blumenstrauß pflückt. In der Begrüßungsrunde erzählt ihr dann, was der Strauß über euch aussagt. Ich finde, es ist eine nette Art, sich kennenzulernen. Aho.“ Gerda lächelte jede Frau in der Runde an.

Wie damals im März fühlte ich mich von ihr gesehen. Mein Herz hüpfte vor Freude, aber mein Kopf rebellierte. *Von wegen – nette Art*, höhnte ein Teil von mir, denn die Aufgabe machte mir echt Stress. Ich hatte gelesen, dass man Blumen menschliche Eigenschaften zuordnen könnte – so, wie Farben etwas über Emotionen aussagten und Tiere den Menschen etwas spiegelten. Weil wir Menschen dazu neigten, uns gegenseitig in Schubladen zu stecken, war ich keine Freundin solcher Psychospielchen. *Vielleicht soll ich doch lieber gleich zurück nach Hause fahren*, überlegte ich kurz. Noch war es nicht zu spät, mein ganzes Gepäck lag noch im Auto.

Als schließlich alle Frauen den Gruppenraum verlassen hatten, schaute ich aus dem Fenster und rooftste. Danach war ich überzeugt, problemlos einen Blumenstrauß zusammenzukriegen. Und ich war mir sicher, auch eine Begründung dafür zu finden, warum der Strauß so aussah wie er aussah. Ich holte mir ein Messer und folgte den Frauen in den Garten.

„Wir sind nicht die richtigen Blumen für deinen Strauß“, sagten die Margeriten, als ich sie abschneiden wollte. „Wir welken“, setzten sie erklärend hinzu.

Alle blühenden Blumen im Garten und auf der Wiese waren der gleichen Meinung. *Dann wird mein Strauß eben nur aus einer Blüte bestehen*, beschloss ich daraufhin und hielt nach einer passenden Blüte Ausschau.

„In der Natur bin ich am schönsten“, sagte die Seerose, als ich mich am Teich zu ihr bückte. „Aber in der Vase sterbe ich bald.“ Ich brachte es nicht übers Herz, sie abzuschneiden.

Suchend lief ich über das Grundstück. Die anderen Frauen hielten mittlerweile schöne bunte Sträuße in ihren Händen. Ich geriet in Panik. Dieses Gefühl erinnerte mich an meine Schulzeit, wenn ich in einer Mathearbeit vor lauter Zeitdruck wie gelähmt vor den Aufgaben saß und keinen klaren Gedanken fassen konnte. Abrupt blieb ich stehen und rooftste noch einmal.

Da fiel mein Blick auf die grüne Wiese vor mir. Unzählige Grashalme wiegten sich sanft im Wind und riefen mir zu: „Nimm uns!“

„Ihr seid keine Blumen“, belehrte ich sie.

„Na und?“, boten die Gräser sich an.

Immer noch besser als nichts, dachte ich resigniert, *habe ich denn überhaupt eine andere Wahl?* Mir blieb ja gar nichts anderes übrig. Während ich zögernd den ersten Halm abschnitt, fiel mir auf, wie filigran er war. Aufmerksam betrachtete ich kurz darauf das dünne Sträußchen in meinen Händen. *Wie schön es aussieht*, dachte ich entzückt auf dem Weg zurück ins Haus.

Hier revidierte ich jedoch meine Meinung sofort wieder, als ich die anderen bunten Sträuße sah. Es gab gar nicht so viele große Vasen, wie für all die Kostbarkeiten der Natur gebraucht wurden. Für meine Gräser reichte eine kleine, bauchige Flasche.

Als ich in der Küche etwas Wasser hineinfüllen wollte, sagten die Gräser leise: „Bitte nicht.“

„Aber ihr braucht doch Wasser?“, erinnerte ich mich an alles, was ich je über Pflanzen gelernt hatte.

„Nein“, antworteten die Gräser bestimmend.

„Na gut“, gab ich nach und drehte irritiert den Wasserhahn wieder zu.

Meine Gräser gefielen mir wirklich außerordentlich gut. Sie waren hübsch anzusehen – jedenfalls solange kein anderer Strauß in der Nähe war.

Im Gruppenraum gingen meine Gräser jedoch in der Fülle und Farbenpracht der anderen Blumensträuße unter. Sofort bekam ich Minderwertigkeitskomplexe. Am liebsten wäre ich schnell noch einmal in den Garten gerannt und hätte rücksichtslos die schönsten und buntesten Blumen gepflückt, doch dann folgte ich lieber meiner inneren Stimme und rooftste an dem Platz, an dem ich gerade stand.

Daraufhin zog ich mich, einem Impuls folgend, unbemerkt in eine ruhige Ecke des Raumes zurück. Hier – abseits der Menge – konnte mein Strauß nur durch sich selbst wirken. *Wie schön er ist*, dachte ich wieder und fühlte mich gleich viel, viel besser.

„Meine Gräser scheinen genau zu wissen, was sie wollen", sagte ich, als in der Begrüßungsrunde der Redestein in meinen Händen lag. „Vielleicht habe ich sie aber auch nicht richtig verstanden?"

Ich stellte die Flasche mit den Gräsern direkt vor mir auf den Boden. „Sie wollten kein Wasser haben. Darauf haben sie strikt bestanden. Kann es sein, dass ich mir das alles nur eingebildet habe? In der Natur werden sie doch auch mit Wasser versorgt, oder?"

„Vertraue ganz deiner Intuition", ermutigte mich Gerda mit ruhiger Stimme.

Keine Antwort ist auch eine Antwort, dachte ich verärgert und beäugte Gerda skeptisch, als sie fortfuhr: „Antworten sind wie Türen. Sind sie verschlossen, nehmen sie dir die Möglichkeit zu erfahren, was sich dahinter verbirgt. Sind sie offen, laden sie dich ein, neue Räume zu entdecken."

Konnte Gerda etwa Gedanken lesen?

„Was sagt mein Strauß über mich?", überlegte ich laut und schaute auf das bunte Blütenmeer vor mir, bis mein Blick an meiner Handvoll Gräser hängen blieb. „Das ich farblos und langweilig bin?"

Ich hielt inne. Alle schwiegen unbehaglich. Beklommen lauschte ich in mich hinein.

Nach einer Weile lächelte ich, als ich erkannte, dass ich nicht farblos und langweilig war. Im Gegenteil. „Ich bin anspruchslos und genügsam. Wie meine Gräser, die nicht einmal Wasser brauchen", sagte ich erfreut.

Als mein Blick erneut über den bunten Blumenteppich wanderte, entdeckte ich in vielen Sträußen einzelne Gräser. Da traf mich die Erkenntnis wie ein Blitz!

„Die Gräser sind wie die Essenz“, sprudelte es aus mir heraus. „Wenn die bunten Blumen längst verwelkt sind, bleiben nur noch die Gräser übrig. Sie sind da – egal, was passiert. Ich kann meine Gräser in die Sonne stellen oder in die dunkelste Ecke. Es macht ihnen nichts aus, ob ich mich um sie kümmere oder nicht. Wenn sie nicht eines Tages unter einer dicken Schicht Staub umknicken, dann wird es sie noch geben, selbst wenn ich schon lange nicht mehr da bin.“

Dieses Sträußchen sollte für immer einen Platz in unserem Haus bekommen. Immer, wenn ich die trockenen Gräser später ansah, lachte mein Herz.

***

Nachdem wir die Zimmer bezogen und zu Abend gegessen hatten, trafen wir uns im Gruppenraum zu einer schamanischen Reise. Dazu nahm sich jede Frau eine Matratze und suchte sich im Raum einen Platz, an dem sie sich bequem hinlegen konnte. Weil ich es gern gemütlich hatte, kuschelte ich mich in eine dünne Decke. Wir alle trugen unsere schwarzen Augenbinden noch auf der Stirn. Gerda saß auf einem Yogakissen, vor ihr lag eine Schamanentrommel.

„Schamanische Trommelreisen sind eine Möglichkeit, die Alltagsrealität zu verlassen und in eine andere Dimension zu gelangen. Der gleichmäßige Trommelschlag erzeugt die Alpha-Schwingung, die den Trancezustand herbeiführt. Trommelreisen sind somit eine Trancetechnik und keine Entspannungsmethode.

Sagt eurem Körper vorher folgende Worte: ‚Wir werden jetzt schamanisch reisen. Das Bewusstsein wird für 20 Minuten den Körper verlassen. Es ist so wie in der Nacht, aber ich bitte dich, wach zu bleiben.‘

Während der Reise schlage ich die Trommel sehr schnell – ungefähr 108 Mal pro Minute. Zum Ende folgen vier Mal sieben laute Schläge. Das bedeutet für euch, Abschied zu nehmen. Dann schlage ich etwa eine Minute lang die Trommel ganz schnell. In dieser Zeit kommt ihr wieder zurück. Und nach weiteren vier Mal sieben lauten Schlägen seid ihr wieder hier angekommen.“

Fragend blickte Gerda in die Runde, doch es gab nichts, was wir zu fragen hatten. Deshalb forderte sie uns auf, die Augenbinden jetzt aufzusetzen, ruhig zu atmen und den Trommelschlägen zu folgen. „Mach dich auf die Reise, um herauszufinden, welchen Aspekt der Göttin du vertrittst.“

Auf den Schwingen der gleichmäßigen Trommelschläge rannte ich durch eine dunkle Höhle, an deren Ausgang ich auf eine weiche Wiese inmitten grüner Hügel purzelte. In der Ferne sah ich eine Stadt.

Auf dem Weg dorthin lief ich an einem prunkvollen, herrschaftlichen Haus vorbei. Ich ließ prächtige Luxusvillen links liegen und steuerte auf einem belebten Marktplatz direkt auf einen kleinen Kiosk zu – einem modernen Gebäude aus Stahl und Milchglas, mit Kuppeldach und Schiebetür.

Das ist doch kein Ort, um eine Göttin zu treffen, dachte ich enttäuscht und wünschte mir einen Palast, einen duftenden Rosengarten oder wenigstens eine sonnige Waldlichtung.

Als sich – zu meinem großen Entsetzen – der Kiosk als Toilettenhäuschen entpuppte, hoffte ich inständig, dass das Ganze ein großer Irrtum war. Bevor jedoch die Therapeutin in mir die Bedeutung dieses ungewöhnlichen Ortes analysieren konnte, öffnete eine ältere, kleine, mollige Frau die Tür und forderte mich freundlich auf einzutreten. Aus ihren Augen sprach so viel Wärme und Güte, dass ihr Blick mich tief in meinem Herzen berührte. *Kommen mir ihre Augen nicht irgendwie bekannt vor?*

„Verabschiede dich von deinen Vorurteilen und habe keine Erwartungen, dann kannst du auch nicht enttäuscht werden", lächelte die Frau weise und setzte hinzu: „Die Göttin triffst du überall."

In dem Moment erstrahlte das ganze Toilettenhäuschen in warmem Licht. Die Frau führte mich durch einen Waschraum mit weißen Marmorbecken und Kristallspiegeln.

„Das ist der Thron", zeigte sie auf ein goldenes Klo. „Was du nicht haben willst, wird hier sofort entsorgt." Sie lächelte warmherzig. „Eine Göttin lässt sich von niemandem sagen, was sie zu tun hat. Sie folgt ihrem Herzen."

Dann nahm sie mich an die Hand, und in demselben Augenblick verwandelte sie sich in eine Lichtgestalt, die den ganzen Raum ausfüllte.

Plötzlich standen wir beide auf einem Berg. Die Frau neben mir war jetzt hochgewachsen, schlank, jung und von makelloser Schönheit. Sie entsprach nun viel mehr meiner Vorstellung von einer Göttin. Sie hatte immer noch die gleichen Augen wie die alte Frau im Toilettenhäuschen – und sie lächelte wissend. *Woher kenne ich bloß diese blauen Augen?*

Am Fuße des Berges schlängelte sich ein Fluss durch die Landschaft. Wir beobachteten ein Floß, das auf dem Wasser dahinglitt.

„Sei wie dieses Floß auf dem Fluss deines Lebens", sagte meine Begleiterin mit melodischer Stimme. „Lass dich treiben und lege an, wo du möchtest. Geh' an Land, wo es dir gefällt, und tue, was dir Freude macht."

„Auch den Abwasch?", rutschte es mir heraus, ich war nun mal eine Pragmatikerin.

Die Frau lächelte unbeirrt und erwiderte: „Entdecke die Freude dabei." Wie ein Orakel fuhr sie fort: „Habe Freude bei allem, was du tust, das ist, was wirklich wichtig ist in deinem Leben."

Dann nahm sie mich wieder bei den Händen und wir wirbelten umher. Mal war ich in ihr, mal war sie in mir und dann ... waren wir eins …

Mit pochendem Herzen spürte ich, dass ich selbst die Göttin war!

***

Nach der Reise sprach keine von uns Frauen ein Wort. Alle waren in sich selbst versunken und mit ihren eigenen Gefühlen beschäftigt. Bevor wir uns zur Nachtruhe begaben, ließen wir den Tag mit einem spirituellen Rituallied (9) ausklingen:

Ich habe ein junges Mädchen gesehen
in einem weißen Gewand.
Mit Milch und Honig auf ihrem Arm
war sie mir seltsam bekannt.

Ich habe eine tanzende Frau gesehen
ihr Kleid war wie Feuer so rot.
Sie lachte so laut und sie sang so schön,
sie brachte mir Wasser und Brot.
Ich habe eine runzelige Alte gesehen,
ihr Kleid war so schwarz wie die Nacht.
Ihre Hände waren leer, doch ihr Herz war so voll,
sie hat mir das Wissen gebracht.

Drei Mal habe ich in den Spiegel geschaut,
am Morgen, zu Mittag, bei Nacht.
Nun nimm dein Leben und geh deinen Weg.
Du hast den Mut und die Macht.
Du hast den Mut und die Macht.

Samstag, 16. Juli 2010

Um 8.00 Uhr trafen wir uns in bequemer Kleidung im Gruppenraum und lauschten Gerdas Ausführungen, ohne noch einmal auf die gestrigen Erlebnisse zurückzukommen.

„Kali ist die hinduistische Göttin der Zerstörung, des Todes und der Erneuerung. In dieser Eigenschaft zerstört sie nicht nur alles Negative, sondern auch all das, was einen Menschen daran hindert, zu heilen und sein Potenzial zu leben. In der Kali-Meditation könnt ihr also den alten Ballast abgeben, den ihr mit euch herumtragt, um endlich die zu sein, die ihr wirklich seid."

Sie nickte uns aufmunternd zu.

„Die Kali-Meditation läuft in vier Phasen ab, sie heißen Drachenatmung, Kali füttern, Empfangen und Stille. Ich sage jeweils an, wenn die nächste Phase beginnt. Sucht euch jetzt einen Platz, an dem ihr stehen könnt und viel Bewegungsfreiheit habt."

Toll!, jubelte ich, als ich mir einen Platz in Fensternähe suchte, *endlich eine Meditation mit Action.* Bei den schweigsamen, reglosen Meditationen im Liegen schlief ich nämlich meistens ein.

„Wir beginnen mit der Drachenatmung. Das heißt, kurzes Einatmen, langes Ausatmen", erklärte Gerda, bevor sie den CD-Player anschaltete. Damit sich jede nur auf sich konzentrieren konnte, trugen wir alle unsere Augenbinden.

Wir atmeten zu einer lauten Musik. Beim Luftholen zog ich meine Schultern vor der Brust zusammen. Beim ausatmen streckte ich meinen Oberkörper und blies wie ein Feuer spuckender Drache die Luft wieder aus. Ich spürte, wie meine Bewegungen immer größer wurden. Ich fühlte mich wie eine

Pumpe, die bei jedem Einatmen etwas Dunkles aus der Tiefe meines Körpers hervorholte und beim Ausatmen ausspie.

„Füttert Kali“, rief Gerda, bevor sie die Musik noch lauter drehte. „Schmeißt alles Alte raus und schafft Platz für Neues!“

Anfangs bewegte ich mich noch im Rhythmus, doch dann stampften meine Füße immer ekstatischer. Ich schleuderte meine Arme und Beine in die Luft, drehte wild meine Hüften und schüttelte meinen ganzen Körper. Ich hatte tatsächlich das Gefühl, als kullerten kindskopfgroße Steine in meinem Becken durcheinander und setzten jahrhundertealte aufgestaute Energien frei.

„Bleibt stehen und empfangt“, forderte Gerda uns nun auf.

Die Musik wurde ganz ruhig. Ich spürte ein wohliges Kribbeln im ganzen Körper. Dieses Gefühl hielt noch während der gesamten letzten Phase an, der Stille. In dieser Phase lag ich schweigend auf dem Boden und genoss es, frei und glücklich zu sein.

***

„Ich nehme nachher für Juliane ein Marmeladenbrot mit“, sagte Rita, die sich als Letzte an den Frühstückstisch gesetzt hatte. „Die Ärmste liegt im Bett und kann sich nicht richtig bewegen. Kreuzschmerzen. Sie ist erst gegen Morgen eingeschlafen. Deshalb war sie vorhin bei der Kali-Meditation nicht dabei.“

„Hat sie dich darum gebeten?“, wollte Gerda wissen.

„Nein. Sie ist gerade wach geworden. Aber ich weiß, dass sie gern Süßes zum Frühstück mag.“

„Dann lass’ es bitte“, sagte Gerda.

„Aber ...“ Rita stockte.

„Wir – insbesondere wir Frauen – neigen dazu, anderen helfen zu wollen, oder glauben sogar, helfen zu müssen. Nicht selten verleugnen wir deshalb unsere eigenen Bedürfnisse oder stellen sie hinten an", sagte Gerda und goss sich Kräutertee ein. „Dabei nehmen wir den Anderen oft die Möglichkeit, sich selbst zu entwickeln."

Rita stocherte mit unterdrückter Wut in ihrem Müsli herum. Wir anderen am Tisch sahen uns verständnislos an. Ich beobachtete, wie Anita ihr fast unberührtes Frühstück stehen ließ und sich aus der Küche stahl. Nach einer Weile kam die schmächtige Anita zurück und stützte die korpulente, um einen Kopf größere Juliane beim Laufen.

„Seht mal, wen ich mitgebracht habe", rief Anita betont munter wie eine Krankenschwester. Schweigend beobachteten wir anderen, mit welcher Fürsorge sie Juliane umsorgte. Jede von uns wollte helfen, doch Gerda hielt uns mit ihren Blicken zurück.

„Hast du schon gefrühstückt?", unterbrach sie Anita in ihrer Geschäftigkeit.

„Nein, das mache ich später."

„Wann später? Wenn es mit unserem Programm weitergeht?"

„Dann lass ich das Frühstück eben ausfallen", winkte Anita ab. „Ist sowieso nicht so wichtig."

„Warum ist es dir nicht so wichtig, erst einmal gut für dich zu sorgen, bevor du dich um andere kümmerst?"

„Ist das denn nicht ein Akt der Nächstenliebe?", mischte sich Rita jetzt ein, die noch immer an der Zurechtweisung knabberte.

„Nächstenliebe." Gerda ließ das Wort durch den Raum schwingen. „Liebe deinen Nächsten wie dich selbst – ein Satz, der uns seit Jahrtausenden prägt." Sie nahm einen großen Schluck aus ihrer Tasse. „Wisst ihr eigentlich, dass dieser Satz durch eine unterschiedliche Betonung einen ganz anderen Sinn bekommt?"

Wir schüttelten verneinend die Köpfe.

„Liebe deinen Nächsten", Gerda betonte jedes dieser drei Worte gleich stark und fügte dann leise hinzu, „wie dich selbst." Wir schauten sie fragend an, während sie weitersprach: „Das bedeutet nichts anderes als ‚erst die anderen und dann ich'. So sind wir konditioniert." Dann lehnte sich Gerda auf ihrem Stuhl etwas zurück. „Wie klingt denn der Satz? LIEBE deinen Nächsten wie DICH SELBST." Dabei betonte sie jedes in Großbuchstaben geschriebene Wort. „Liebe dich selbst - Jesus ruft uns zur Selbstliebe auf, denn erst, wenn wir uns selbst lieben, können wir auch die anderen lieben …"

„Das nenne ich egoistisch", warf Karola ein.

„Ist es das wirklich? Überlege einmal, wie wir uns im Flugzeug bei Notlandungen verhalten sollen. Wer setzt wem die Atemmaske auf. Und warum?"

„Das ist doch etwas ganz anderes", protestierte Karola.

„Ich glaube, die Kunst des Lebens besteht darin, sich selbst nicht so wichtig zu nehmen und trotzdem gut für sich zu sorgen", erwiderte Gerda. „Denkt immer daran: I h r seid die wichtigste Person in eurem Leben!"

Anita heulte plötzlich laut auf und lief aus der Küche.

„Lass' sie eine Weile in Ruhe", hielt Gerda Ruth zurück, die ihr nacheilen wollte. „Heilen muss jede für sich allein. Wir als Gruppe schaffen nur den Raum dafür. Gib ihr etwas Zeit und dann sei für sie da, wenn s i e zu dir kommt."

Bedächtig leerte Gerda ihre Tasse Tee. „Manchmal tut man mehr, wenn man nichts tut."

Es war förmlich zu spüren, wie es in jeder von uns arbeitete. *Wie wichtig nehme ich mich eigentlich? Liebe ich mich?* So ein Quatsch, natürlich liebte ich mich! Obwohl ... ich hätte lieber blonde Haare gehabt, und ein paar Locken wären auch nicht schlecht gewesen, meine Augen fand ich schon immer zu klein, dafür war meine Nase viel zu lang, und dann die ungeraden Zähne ... Meine schlaffen Brüste … der dicke Bauch ... nicht gerade ein liebenswerter Anblick.

„Und das Atmen nicht vergessen“, unterbrach Gerda das unbehagliche Schweigen. Unser befreiendes Lachen entschärfte die angespannte Atmosphäre.

Aus den Augenwinkeln heraus beobachtete ich Juliane. Jede Bewegung schien ihr Schmerzen zu bereiten, trotzdem versuchte sie immer wieder aufzustehen, um ans Buffet zu gelangen. Wie die anderen Frauen saß ich auf dem Sprung, ihr zu Hilfe zu eilen. Doch Gerdas eindringlicher Blick hielt uns zurück.

„Du sagst, wenn du Hilfe brauchst“, wandte sie sich an Juliane und ignorierte scheinbar deren Bemühungen.

Juliane nickte wortlos. Sie versuchte noch einige Male, sich allein am Tisch hochzuziehen, bevor sie sich endgültig kraftlos auf den Stuhl fallen ließ.

„Bitte um Hilfe“, sagte Gerda.

Juliane wehrte kopfschüttelnd ab und murmelte: „Ich kann nicht.“

„Bitte um Hilfe.“

Juliane versuchte es. Sie formte ihre Lippen, doch das kleine Wort „Bitte“ kam nicht über ihre Lippen. Sie schüttelte verzweifelt den Kopf. Wir sahen, dass sie still vor sich hin weinte. Beklommen saßen wir Frauen am Tisch und sagten keinen Mucks. Gerda ließ Juliane so viel Zeit, wie sie zum Weinen brauchte. Wortlos reichte sie ihr ein Taschentuch.

„Ich habe es verlernt, um Hilfe zu bitten", schluchzte Juliane nach einer Weile. „Schon als kleines Mädchen haben mir meine Eltern ihre Hilfe verweigert. So wollten sie mich zu mehr Selbstständigkeit erziehen. Also habe ich sie irgendwann um nichts mehr gebeten. Heute besuche ich die verschiedensten Kurse, nur um alles selber machen zu können. Daran ist letztendlich meine Ehe zerbrochen", sie schnäuzte sich. „Da ich fast alles alleine konnte, war ich so unabhängig, dass mein Mann sich überflüssig vorkam. Er hatte das Gefühl, ich bräuchte ihn nicht, weil ich ihn nie um etwas gebeten habe."

Nervös knetete Juliane das Taschentuch in ihren Händen, bis sie schniefend gestand: „Ich möchte nicht mehr nur die Macherin sein, die taffe Powerfrau. Ich will endlich Schwäche zeigen dürfen, mich an jemanden anlehnen können, mich trauen um etwas zu bitten."

„Damit kannst du gleich hier anfangen", ermunterte Gerda sie. „Bitte um Hilfe."

„Du gibst wohl nie auf?", schluchzte Juliane in ihr Taschentuch.

„Das ist mein Job."

Juliane atmete tief durch und sagte mit einem lachenden und einem weinenden Auge: „Bitte, könnt ihr mir helfen und mich mit Frühstück versorgen?"

Erleichtert sprangen Irene und Rita auf. Endlich durften sie helfen.

Genau wie sie, hatte auch ich in den Startlöchern gesessen. Doch jetzt gefiel es mir wesentlich besser, mich mal nicht um andere kümmern zu müssen. Das war ein ganz neues Lebensgefühl …

***

Das Wetter schien uns für ein Lehmbad wohlgesonnen, denn nachdem der Himmel die letzten Tage bedeckt gewesen war, lachte die Sonne seit dem Aufstehen. Gerdas Mann hatte auf der Wiese eine etwa zwei Meter breite und drei Meter lange, fast knietiefe, ovalförmige Lehmgrube ausgehoben und mit lauwarmem Wasser gefüllt. Unschlüssig standen wir Nackten herum und blickten angewidert in die trübe Brühe. Keine traute sich, den Anfang zu machen.

„Ziert euch nicht, meine Lieben", scherzte Gerda. „Anderswo nennt man das ‚Wellness' und zahlt eine Menge Geld dafür."

„Schhöööööön", rief Irene begeistert. Sie war als Letzte aus dem Haus gekommen, hatte ihre Handtücher achtlos fallen gelassen und war unbekümmert in das schmutzige Wasser gestiegen. Versonnen beobachtete sie die Schlammstrudel, die ihre hin und her schwenkenden Beine hinterließen. „Wie habe ich das als kleines Mädchen geliebt!"

„Iiiiih", folgte Ursula ihr vorsichtig.

„Aua", rief ich mit schmerzverzerrtem Gesicht, denn der Boden war beim Ausheben durch die Spatenstiche kantig geworden, und das tat weh, wenn man darauf trat. Darum war es unsere erste Aufgabe, diese Unebenheiten mittels Gartenschippen zu beheben.

„So wird das nie etwas", kommentierte Irene unser blindes Herumstochern. Sie ging auf allen vieren und schabte mit der Schippe auf dem Boden entlang. Dabei wirbelte sie immer mehr Lehm auf und wir standen bald im dicksten Moder. Als Anita und Karola noch in die Grube stiegen, wurde es ziemlich eng. Anfangs spritzten wir bei den Glättungsarbeiten nur aus Versehen. Doch bald schon verloren wir alle Hemmungen und bewarfen uns kreischend wie übermütige Kinder mit Lehm, bis Gerda uns daran erinnerte, dass wir hier eine Zeremonie vorbereiteten.

Unter lautem Gelächter füllten wir die Grube mit frischem Lehm und lauwarmen Wasser auf. Zum Vermischen stakten wir eine Polonaise. Dann modellierten wir mit unseren Händen am oberen Teil des Beckens eine bequeme Kopfablage und errichteten um das Loch einen kleinen Damm, welcher das überschwappende Wasser zurückhalten sollte. Diesen Damm schmückten wir mit Blüten, die Rita gepflückt hatte. Die übrig gebliebenen Blütenblätter streuten wir über die lehmige Pampe.

Dann spritzten wir uns – so gut es ging – mit dem Gartenschlauch Hände und Füße sauber. Der Lehm klebte mir nicht nur an der Haut, sondern schien immer mehr zu werden, je mehr Wasser ich nahm. Wo ich mit meinem lehmigen Fuß hintrat, blieb eine Schmutzspur zurück. Auch die Hände hinterließen überall Abdrücke. Dumm war, dass mir die Haut unter dem getrocknetem Lehm besonders intensiv juckte.

Für die Ganzkörperreinigung nach der Zeremonie hatten wir zwei mannsgroße, schwarze Bauwannen aufgestellt und zusätzlich einen Gartenschlauch angeschlossen.

„Das Haus wird erst wieder betreten, wenn ihr wirklich lehmfrei seid", ermahnte uns Gerda eindringlich. „Das kriegt sonst keiner mehr sauber. Außerdem verstopfen die Duschen."

Zum Glück hatten Emma und Ruth noch keinen Lehmkontakt gehabt. Sie mussten alles aus dem Haus holen, was wir für die nächsten drei Stunden brauchen würden, vor allem Trinkwasser und Sonnencreme.

Als Zeichen dafür, dass die Zeremonie begann, schlug Gerda die Trommel. Ich sammelte mich mit einigen bewusst vollzogenen Atemzügen und spürte eine kindliche Vorfreude in mir.

Wir stellten uns alle um die geschmückte Lehmgrube, hielten uns an den Händen und blickten einander an – zehn nackte Frauen. Da gab es nichts mehr, was mein Auge ablenken konnte, auch wenn der Verstand versuchte, mich mit den anderen zu vergleichen – vergeblich. Zum ersten Mal in meinem Leben fühlte ich, dass all diese Frauen meine Schwestern waren. Wir kamen alle aus derselben Quelle und trugen alle das Gleiche in uns. Wie Schwestern!

„Mothter I feel you under my feed ...“, sangen wir zur Trommel. Anschließend bedankte sich Gerda bei Mutter Erde, dass sie uns – ihre Töchter – heute bei sich aufnehmen würde.

„Ich bin als Erste dran“, bestimmte Ruth. „Dann ist das Wasser noch sauber und ich habe es hinter mir.“ Irene und Anita halfen ihr beim Einstieg. Langsam nahm sie Platz, sorgsam darauf bedacht, dass ihre Hände sauber blieben. Vorsichtig ließ sie sich in den Lehm gleiten.

Wir anderen Frauen saßen um die Grube herum und sangen verschiedene Lieder. Ruth lag die ganze Zeit regungslos. Ihre Finger ragten wie Äste aus dem Schlamm. Nach 15 Minuten trommelte Gerda zum Wechseln – so viel Zeit hatte jede von uns für ihr Bad. Ursula und Karola halfen Ruth wieder aus der Grube heraus. Sie trug jetzt einen lehmfarbenen Neoprenanzug. Nur Hände und Kopf waren sauber. Zum Vorspülen setzte sie sich in die linke Bauwanne, danach wechselte sie in die rechte. „Geschafft“, lächelte sie zufrieden.

Rita war mutiger. Sie lag auf dem Rücken, Haare und Ohren im Lehm. Abwechselnd stieß sie sich mit den Füßen oder mit den Händen vom Rand ab und glitt lautlos durch die Grube. Auf Gerdas Geheiß hin schwiegen wir anderen die ganze Zeit. Nur das Zwitschern der Vögel war zu hören, und der Schall eines Flugzeuges. Als Rita aus dem Becken stieg, trug sie einen lehmfarbenen Neoprenanzug mit Kapuze und Handschuhen.

Dann war Irene dran. Gerda schlug leicht die Trommel. Irene genoss das Bad, und so weit es die Grube zuließ, machte sie ein paar Schwimmzüge oder ließ sich treiben - mal auf dem Bauch, mal auf dem Rücken, mal kopfunter, mal kopfüber. Als sie aus dem Becken stieg und von Kopf bis Fuß in Lehm gehüllt war, ähnelte sie der Statue einer afrikanischen Göttin.

Bei allen drei Frauen war mir aufgefallen, wie schön ihre Körper waren.

Wir legten eine kleine Pause ein, um die Grube mit warmem Wasser aufzufüllen und die Dämme an einigen Stellen wieder aufzuschichten. Die Ausbesserungsarbeiten waren gerade abgeschlossen, da spürte ich, dass Mutter Erde mich rief. Die Grube zog mich magisch an und ich wusste, dass ich jetzt dran war.

Nur nichts falsch machen, dachte ich, als ich mit Karolas und Emmas Hilfe ins Lehmbad stieg. Alle Frauen sahen mir zu. Ich fühlte mich wie auf einem Präsentierteller! Das war Stress pur für mich!

So, wie ich langsam mit dem Po in den angenehm lauwarmen Schlamm glitt, schienen die Gedanken aus mir herauszuweichen. Gerda sang zur Trommel. Mein Kopf kannte die Sprache nicht, die mein Herz berührte. Ich schluchzte laut auf und musste bitterlich weinen. *Wie peinlich ist das denn? Hier vor allen Frauen.* Am liebsten wäre ich vor Scham im Erdboden versunken, - nun ließ ich mich tief in den Schlamm sinken, als könnte mich das vor ihren Blicken retten.

Es war dunkel um mich herum. Dumpf hörte ich Gerdas Gesang. Vorsichtig stieß ich mich mit Händen und Füßen vom Grubenrand ab und bemerkte plötzlich, wie eng alles war. Ich stieß heftiger gegen die matschigen Grenzen, die mir zuzurufen schienen: „So benimmt sich keine Frau! Sei artig! Wie du schon wieder aussiehst! Das sagt man nicht! Sitz gerade! Das tun Mädchen nicht! Stör die anderen nicht! Das ist mal wieder typisch für dich! Sei still! Denk doch an die anderen!"

Beim Luft holen registrierte ich, dass die Frauen weiter von der Grube wegrückten. *Was werden die jetzt von mir denken?*

‚Scheiß drauf!', hätte ich am liebsten geschrien, doch mein Mund war vom Lehm wie zugeklebt.

Daraufhin setzte ich meine Wut in Bewegung um. Ich drehte und wälzte mich in dem Becken, stieß immer wieder gegen Begrenzungen, die unter meinen kräftigen Stößen nachgaben. Ich kam mir vor wie ein Urzeitgetier mit Orientierungsproblemen, denn immer wieder stieß ich mit meinem Gesicht auf den Boden. Dennoch wollte ich tiefer kommen. Meine Lungen schienen zu platzen. Als ich es wirklich nicht länger aushielt, prustete ich wie ein Wal, als ich zum Luftholen aus dem Schlamm emporschnellte und mich mit einem lauten Platschen wieder zurückfallen ließ, um noch tiefer ins Erdreich zu dringen – als fände ich dort die Wurzeln meiner Wut.

Ganz allmählich löste die Wut sich in mir auf und zurück blieb ein einziger Satz: Ich liebe mich so, wie ich bin.

Da hörte ich wieder Gerdas Gesang. Nachdem ich Nase, Mund und Augen notdürftig vom Lehm befreit hatte, fragte ich ganz entspannt: „Wie viel Zeit habe ich noch?"

„Du hast alle Zeit, die du brauchst", unterbrach Gerda ihren Gesang.

Dann mach ich jetzt, was mir gefällt, beschloss ich und planschte ausgelassen wie ein Kind. Ich schwamm und tauchte nach Lust und Laune. Ich hatte völlig vergessen, welchen Spaß es machte, mit den flachen Händen so auf den Schlamm zu klatschen, dass es nach allen Seiten spritzte. Ich war ganz in dem Moment versunken und lebte meine Freude.

Wie aus dem Nichts umhüllte mich plötzlich ein Mantel aus Traurigkeit. Das Lachen in meinem Gesicht verzog sich zu einer Grimasse und ich heulte von jetzt auf gleich zum Steinerweichen. Kraftlos ließ ich mich in den Schlamm sinken und willenlos treiben. Ich fühlte mich wie ein Kind, das ohnmächtig gegenüber den Entscheidungen der Erwachsenen war. Ein Kind, das sich nichts sehnlicher wünschte, als die Liebe von Mama und Papa ... eine Frau, die sich nichts sehnlicher wünschte, als die Liebe ihres Mannes ... ein Mensch, der sich nichts sehnlicher wünschte, als bedingungslos geliebt zu werden.

Ich schluchzte heftig. Ich war allein – ganz allein. Da war niemand, der mich tröstete. Ich fühlte mich meinem Schmerz gegenüber ohnmächtig, und das im wahrsten Sinne des Wortes: Ich war ihm ohne Macht ausgeliefert. *Was bin ich doch für ein einsames, armes Menschenkind?*, zerfloss ich in Selbstmitleid.

„Du bist Schöpferin", nahm ich die Worte ohne Stimme wahr und erinnerte mich an die Licht-fließen-lassen-Methode. Dazu stellte ich mir über dem Lehmbad einen imaginären, großen Duschkopf vor, aus dem heilendes Licht auf mich herabströmte …

Ich beruhigte mich. Meine Atmung wurde tiefer, und mein Herz öffnete sich. In meinem Kopf wurde es still. Ich spürte ein wohliges Kribbeln im ganzen Körper. Ich fühlte mich frei, geliebt und unendlich glücklich.

Unbeschreiblich … unendlich glücklich ...

Reglos lag ich im Lehmbad und ließ mir die Sonne auf den Bauch scheinen. Ganz tief in mir spürte ich – als Menschenkind – wie Mutter Erde mich trug, Vater Sonne mich wärmte und ich Teil des Ganzen war.

***

„Was war das für ein Lied, das du vorhin für mich gesungen hast, und das solch eine Gefühlslawine in mir ausgelöst hat?“, fragte ich Gerda später, während wir wieder Ordnung in ihren Garten brachten.

„Es ist ein indianisches Heilungslied.“

„Das war sehr schön. Kann ich den Text haben?“

„Heilungslieder werden nicht aufgeschrieben. Sie werden mündlich weitergegeben.“

„Wie kann ich es dann lernen?“, wollte ich wissen.

„Immer wieder singen. Das werden wir sowieso im Laufe der nächsten Tage tun. Wenn dir das zum Auswendiglernen nicht reicht, dann musst du es mit meinen Assistenten üben“, antwortete Gerda.

***

Ich hatte mir problemlos den Lehm aus Haut und Haaren gewaschen. Nur in den Ohren knirschte er noch. Kleine Hautabschürfungen am Rücken und den Oberarmen erinnerten mich an mein wildes Bad.

Inzwischen waren alle Männer angereist und unsere schamanische Gruppe zählte nun 15 Personen: Gerda, ihre beiden

Assistenten Frank und Karsten, wir neun Frauen sowie drei Männer.

Zur gemeinsamen Einstimmung tanzten wir im Gruppenraum nach einer Musik, deren Rhythmus mich an indianische Klänge erinnerte. Unwillkürlich schloss ich die Augen. Das gleichmäßige Trommeln ließ vor meinem inneren Auge den Traum aufleben, in welchem ich den Männern und Frauen zugesehen hatte, die auf einem Plateau um ein Feuer getanzt hatten.

Plötzlich nahm ich mich als einen ängstlichen Adler wahr, der aufgeregt, hilflos und unentschlossen im Grand Canyon an einer Felskante hin und her hüpfte.

„Flieg‘ los“, vernahm ich die Worte ohne Stimme.

Doch ich traute mich nicht. Zu groß war meine Angst vor dem Abgrund und zu klein das Vertrauen in meine Flügel. Das machte mich sehr traurig.

Wir Frauen hatten uns ja bereits bis auf die nackte Haut kennengelernt, doch nun mussten wir uns als gemischte Gruppe neu finden. Wie bei den meisten persönlichkeitsbildenden Seminaren herrschte auch hier bei der schamanischen Sommergruppe ein Mehr an Frauen, sodass die Vierergruppen, in die wir uns nach der Vorstellungsrunde zusammenfinden sollten, mit je drei Frauen und einem Mann gebildet wurden. Um uns besser kennenzulernen, sollten wir innerhalb dieser Gruppen einander erzählen, was wir uns für die schamanische Woche wünschten.

„Ich leide unter dem inneren Zwang“, gestand ich zu meiner eigenen Überraschung Ruth, Irene und Beno, „in einer Gruppe unbedingt dazugehören zu wollen. Gleichzeitig habe ich das Bedürfnis, mich abzugrenzen. Weil ich nicht auffallen will, tue ich dann Dinge, die ich eigentlich nicht mag. Darum fühle ich mich in Gruppen meistens unwohl. Oft rät mir eine innere Stimme, etwas ganz anderes zu tun, als von der Gruppe verlangt wird. Egal wie ich mich dann verhalte, habe ich damit Stress. Ignoriere ich die Stimme, macht mir das Stress. Folge ich ihr und mache mein eigenes Ding, fühle ich mich schnell als Außenseiterin. Das macht mir ebenfalls Stress. Ich will aus diesen Kreislauf raus. Ich will, dass es mir egal ist, was andere Leute von mir denken."

„Ja, ja", stimmte Ruth zu. „Was tut man nicht alles, um anderen zu gefallen?"

„Du meinst den großen Spagat zwischen Individualität und Gruppe", fasste Benno zusammen.

„Genau. Ich möchte in dieser Woche herausfinden, warum ich so ticke und ob ich daran etwas verändern kann – oder will", sprach ich den Gedanken aus, der mir soeben durch den Kopf geschossen war. „Kann ich daran nämlich nichts ändern, dann möchte ich es annehmen, wie es ist, und meinen Frieden damit haben. Vielleicht …", fügte ich nachdenklich hinzu, „will ich es aber gar nicht ändern?" Ich lauschte dem neuen Gedanken nach. „Dann wünsche ich mir den Mut und die Kraft, zu *mir* zu stehen und mich nicht zu verleugnen, nur um angepasst zu sein und nicht durchs Gruppenraster zu fallen."

Sonntag, 17. Juli 2010

Um 7.00 Uhr trafen wir uns im Gruppenraum zur gemeinsamen Meditation. Wie bei den meisten Meditationen konnte ich nach kurzer Zeit nicht mehr mit überkreuzten Beinen still sitzen. Der Po tat mir weh und die Füße waren eingeschlafen. Ich blinzelte und beobachtete die regungslosen Gestalten um mich herum. Die Uhr stand leider so weit weg, dass ich die Zeiger nicht sehen konnte und somit keine Ahnung hatte, wie lange diese Prozedur noch dauern würde. Wie gern hätte ich mich jetzt hingestellt und Roofts gemacht. Natürlich konnte ich genauso gut im Sitzen rooftsen, doch wegen der Knieverletzung war es im Stehen wesentlich entspannter.

Wieder lief in mir der übliche Dialog ab, ein Teil meiner Gedanken sagte „Hüh", der Andere „Hott". Um mich von meinen Schmerzen in den unteren Gliedmaßen abzulenken, dachte ich mir Namen für die beiden Teile in meinem Kopf aus, die wie Personen zu mir sprachen.

„Du willst gerne Roofts machen? - Tu' es!", ermunterte mich Meini – der eine Teil von mir.

„Was werden die anderen denken, wenn du jetzt einfach aufstehst?", tadelte Anrich – der andere Teil.

„Nichts, die meditieren doch", gab Meini lässig zurück.

„Typisch!", kritisierte Anrich. „Immer musst du aus der Reihe tanzen. Kannst du nicht wie die anderen einfach ruhig dasitzen, atmen und abwarten?"

Besteht die Kunst des Lebens nicht darin, erinnerte ich mich an Gerdas Worte, *mich selbst nicht so wichtig zu nehmen und trotzdem gut für mich zu sorgen?*

„Da hörst du es“, übernahm Meini sofort das Ruder. „Steh auf und rooftse, so lange es dir gefällt. Selbst wenn die anderen etwas mitbekommen sollten – na und!“

„Immer diese Extrawürste“, protestierte Anrich.

Ich erhob mich schnell und lautlos. Sicherheitshalber hielt ich dabei die Augen geschlossen, in dem Kleinkinderglauben, dass, wenn ich niemanden sehe, mich auch keiner sehen kann.

Schon nach wenigen Atemzügen fühlte ich mich dank Roofts mit dem Universum verbunden und genoss das Fließen der göttlichen Energie …

Karsten beendete die Meditation, indem er sich bäuchlings ausstreckte und die Gruppe aufforderte, es ihm nachzumachen. „Bedankt euch jetzt bitte.“

Sofort spürte ich einen inneren Widerstand. Ich hasste die Bauchlage, denn ich fand sie schon immer äußerst unbequem. Während sich die anderen wie Karsten hinlegten, folgte ich trotz schlechten Gewissens lieber meinem Gefühl und rollte mich auf dem Boden wie ein Fötus zusammen.

Plötzlich nahm ich etwa zwei Meter über mir einen Spot wahr, aus dem ununterbrochen göttliche Energie auf mich einströmte. In diesem Licht fühlte ich mich geliebt und gewärmt. Da gab es keinen Platz für ein schlechtes Gewissen. Da war alles in Ordnung!

Nach einer Weile riss Karstens Stimme mich aus diesem paradiesischen Zustand.

„Sucht euch jetzt jemanden aus der Gruppe und geht miteinander in Kontakt.“

„Miteinander in Kontakt gehen?“, fragte Meini panisch. „Mit wem soll ich in Kontakt gehen? Und wie soll ich das denn machen?“

„Atme ruhig weiter“, sagte mir meine innere Stimme. Also atmete ich ruhig ein und aus und ein und aus und ... bis die Panik verschwand. Jetzt spürte ich wieder den göttlichen Energiespot auf mich gerichtet und sofort fühlte ich mich sicher und geborgen. So lange, bis ich das Rascheln aneinanderreibender Kleidung hörte.

„Alle haben schon jemanden gefunden“, jammerte Meini. Sofort war die Panik wieder da.

„Ich will nicht als Einzige übrig bleiben“, fiel Anrich jammernd ein.

Fieberhaft überlegte ich, wie viele Personen zur Meditation erschienen waren, um auszurechnen, ob jemand übrig bleiben würde.

„Atme ruhig und tief“, sagte die Stimme in mir wieder. Und das tat ich.

Sofort war ich wieder im Energiespotmodus und fühlte mich sicher, geborgen und richtig. Bis ich meine Augen öffnete und sah, dass die anderen bereits paarweise um mich herumlagen. Da überrollte mich die nächste Panikattacke.

„Siehst du, mit dir will niemand etwas zu tun haben“, waren sich Meini und Anrich ausnahmsweise mal einig. „Weil du immer dein eigenes Ding machen musst!“

„Ich will nicht alleine sein“, schluchzte Meini. „Ich will keine Außenseiterin sein. Ich will mit zur Gruppe gehören.“

„Atme ruhig weiter“, sagte die Stimme in mir. Als ich es tat, war ich sofort wieder mit dem Energiestrom verbunden. Ich bemerkte, dass ich nur so lange in dieser liebevollen Energie war, wie ich meine Augen geschlossen hielt und mit meiner Aufmerksamkeit ganz bei mir war. Nur dann fühlte sich alles richtig an. Sobald ich die Augen jedoch öffnete, rief es sofort Meini und Anrich auf den Plan, die mich ständig mit anderen

Menschen verglichen, um mir zu sagen, wer, was oder wie ich war – oder besser nicht war – und was ich zu tun oder zu lassen hatte.

Mittlerweile lagen die anderen in größeren Gruppen um mich herum. Solange ich jedoch mit geschlossenen Augen im göttlichen Energiespotmodus war, tangierte es mich überhaupt nicht, dass ich nirgendwo dazugehörte. Im Gegenteil, in diesem Zustand spürte ich, wie ich mit jedem Einzelnen aus der Gruppe über unsichtbare Fäden verbunden war und niemals - wirklich niemals alleine war, auch wenn es äußerlich anders aussah. *Nichts ist so, wie es scheint*, ging mir eine alte Weisheit durch den Kopf.

Jemand aus der Gruppe legte sich ganz nah an meine linke Seite, dann rückte jemand an meine rechte Seite. Jemand anderes legte sich dazu und umarmte uns alle drei. Einer legte sich auf mich, dann kam noch jemand ... dann der Nächste … und der Nächste … und der Nächste.

Ich atmete bewusst weiter und konzentrierte mich voll auf den Energiespot. Dabei spürte ich weder die spitzen Knochen noch die Gewichte der anderen. Wenn ich aber durch ihr Gelächter abgelenkt und für einen kurzen Augenblick unachtsam war, verlor ich die Verbindung zum göttlichen Energiespot. Sofort bekam ich dann Atemnot und Beklemmung unter dem dicht gedrängten Menschenberg. Darum richtete ich meine ganze Konzentration auf die Atmung.

Eine Weile lag ich reglos im Licht des Energiespots und nahm den Atem von uns allen als eine Welle wahr. In diesem Augenblick wünschte ich mir, dieses „Einssein“ würde ewig dauern …

Ich wollte diesen friedvollen Moment mit den Männern und Frauen um mich herum wirklich nicht zerstören, doch der Ellenbogen meines Nachbarn drückte mir immer stärker in den Rücken, sodass ich mich irgendwann bewegen musste. Zwangsläufig mussten sich alle in dem Berg mit bewegen und der magische Moment war verflogen.

Ein Schleier lüftete sich und eine klare Erkenntnis kam tief aus meinem Inneren: Es ist vollkommen in Ordnung, wenn ich mir innerhalb einer Gruppe meinen Platz etwas abseits der Menge suche. So konnte ich mir als Individuum eigenverantwortlich meine Freiräume nehmen und musste mich nicht aus Anstand und Höflichkeit selbst ausbremsen, um fremde Erwartungen zu erfüllen.

Ja, es war sogar meine Pflicht, mir meinen eigenen Platz zu suchen, um mir selbst treu zu bleiben und nicht so zu leben, wie andere es von mir erwarteten. Ich war vielleicht eine Einzelgängerin, aber ich war keine Außenseiterin, denn ich war jederzeit und überall mit allem und jedem verbunden

Ich glaube in einer Gemeinschaft zu leben, ohne sich selbst zu verleugnen, ist eine der größten Herausforderungen des Lebens überhaupt, überlegte ich auf dem Weg zum Frühstück.

***

„Nichts geht verloren. Seid euch bewusst, dass die Luft, die ihr jetzt einatmet, die gleiche Luft ist, die der Mensch neben euch ausgeatmet hat. Es ist die gleiche Luft, die Generationen vor euch geatmet haben und Generationen nach euch atmen werden. Seid euch bewusst, dass ihr ein Glied im großen Räderwerk des Universums seid“, sagte Gerda zu Beginn der Ahnenzeremonie. „Heute könnt ihr spüren, dass ihr ein Teil des ‚großen Ganzen‘ seid.“

Nach Franks Anweisung hatten wir im Gruppenraum aus Decken und bunten Tüchern auf dem Boden einen Ahnenaltar errichtet, auf den jeder das legte, was ihm zu diesem Thema wichtig erschien.

Ich hatte zwei Bilder mitgebracht – es waren die einzigen Fotos meiner Großeltern. Beide Großväter trugen Wehrmachtsuniform. Die Aufnahmen waren in ihrem letzten Urlaub von der Front gemacht worden. Der Vater meines Vaters wurde mit 37 Jahren in Stalingrad verwundet und starb später an den Folgen in Breslau. Der Vater meiner Mutter galt seit seinem 45. Lebensjahr als vermisst – in Ostpreußen. Wie so viele andere.

Die Kinder – meine Eltern – blickten auf den Fotos ebenso ernst in die Kamera wie die Erwachsenen. Es schien, als hätten sie – wie meine Omas – eine Ahnung davon gehabt, was der Krieg ihnen alles noch zumuten würde.

Ich betrachtete die Fotos genauer. Fragen über Fragen gingen mir durch den Kopf: *Wer sind diese Menschen? Was erzählt ihre Geschichte? Welche Geheimnisse haben sie gehabt? Was haben sie geliebt? Wovon haben sie geträumt? Worüber gelacht? Wovor haben sie sich gefürchtet?*

Innerlich aufgewühlt blickte ich in die Augen jedes Einzelnen und ein sonderbares Gefühl machte sich in mir breit, als mir bewusst wurde, dass ich das alles niemals erfahren würde. So, wie ich mir nie zuvor diese zwei Fotos mit einer solchen Intensität angeschaut hatte, war mir nie zuvor bewusst gewesen, wie fremd mir die Menschen darauf waren. Dabei verdankte ich ihnen allen mein Dasein.

Tief berührt stellte ich die beiden Bilder auf den Ahnenaltar. Andere hatten Uhren und Schmuck ihrer Großeltern daraufgelegt, einer sogar eine leere Tablettenschachtel.

„Jetzt zeichnet jeder seinen Stammbaum", forderte uns Gerda auf. „Für unsere Zeremonie ist es zwar nicht wichtig, aber in einen vollständigen Stammbaum gehören auch alle ungeborenen Kinder, sowie ihr Platz in der Geschwisterfolge."

„Familiengeheimnisse ade", kommentierte Theo scherzhaft.

„Notiert hinter jedem Familienmitglied das, was ihr an ihr oder ihm schätzt", sagte Gerda. „Schreibt auch das auf, was ihr selbst gut könnt oder gerne macht. Anschließend findet heraus, welche Eigenschaften ihr von wem in eurer Ahnenlinie übernommen habt."

Mein Familienstammbaum war schnell gezeichnet. Meine Eltern mussten beide nach dem Krieg mit ihren Müttern flüchten: Mein Vater aus Preußen, meine Mutter aus Sudetendeutschland. Sie wollten und konnten sich nicht mehr an diese Zeit erinnern – zum einen waren sie selbst noch Kinder von acht oder neun Jahren, zum anderen haben sie vieles verdrängt, um weiterleben zu können.

Ob sie wohl jemals die Schreckensbilder vergessen werden, die sich tief in ihr Gedächtniss eingebrannt haben? Erst der Krieg mit all seinem Entsetzen, dann die wochenlange Flucht in Viehwagons, in denen niemand wusste, wo sie letztendlich landen würden, und dann der Neubeginn als Vertriebene, wenn sie mittellos ums pure Überleben gekämpft hatten – *vielleicht liegt darin ein Grund für Alzheimer oder Demenzerkrankung?* Die Menschen aus der Generation meiner Eltern haben durch Krieg, Flucht und Vertreibung so viel unbeschreibliches Leid, unfassbare Not und Elend erlebt, dass sie einfach vergessen mussten, um nachts überhaupt schlafen zu können.

Als ich auf die großen, weißen Flecken in meinem Stammbaum sah, wurde ich sehr traurig.

So viel nicht gelebtes Leben, dachte ich erschüttert … *einfach abgeschnitten.* Ich weinte lautlos.

Zwei Jahre nach Kriegsende starb die Mutter meines Vaters im Alter von 34 Jahren. Er selbst war gerade erst elf. Die Mutter meiner Mutter – meine Oma – starb mit 72 Jahren.

Nachdem ich mehrmals tief durchgeatmet hatte, machte ich mich daran, den zweiten Teil von Gerdas Aufgabe zu erledigen. Ich überlegte, wofür ich jeden Einzelnen meiner Ahnen wertschätzte. Bis auf die Erinnerungen an meine Oma konnte ich mich dabei nur auf die Erzählung anderer stützen. Dabei fiel mir auf, dass ich mich bei den einzelnen Personen viel mehr an deren Schwächen und Schrulligkeiten erinnerte, als an deren Stärken.

Meine Gedanken sprangen zu meinem Mann, unseren Söhnen, Freunden und Bekannten. Sofort fielen mir zu jedem Einzelnen mehrere Schwachpunkte ein. Über deren Stärken musste ich erst etwas länger nachdenken. Darum nahm ich mir fest vor, ab sofort mehr nach den Stärken meiner Mitmenschen Ausschau zu halten und diese zu achten, als mich auf deren Schwächen zu konzentrieren und mich darüber aufzuregen!

Unter meinem Stammbaum hatte ich mit Bleistift notiert, was ich gern tue und gut kann. Anschließend suchte ich diesbezüglich nach Verbindungen zu meinen Eltern und Großeltern. Mein Vater hatte mich mit seiner Einstellung „Geht nicht, gibt's nicht" ebenso geprägt wie meine Mutter mit ihrer Devise „Dumm kann man sein, man muss sich nur zu helfen wissen".

Meinem Vater schrieb ich mein künstlerisches Talent zu, meiner Mutter die Freude am Kochen. Den Spaß am Gärtnern hatte ich von den Eltern meiner Mutter geerbt und den Mut, für mich zu kämpfen, fand ich bei der Mutter meines Vaters wieder. Nur über den Vater meines Vaters wusste ich absolut nichts. Ich kramte in meinen hintersten Gehirnwindungen, doch auch dort herrschte gähnende Leere.

„Alle deine Ahnen haben ‚Ja' zum Leben gesagt", vernahm ich in diese Leere hinein. „Egal, wie schwierig ihr Leben war, was ihre Stärken und Schwächen, ihre Vorlieben und Abneigungen waren. In dem Augenblick, als sich neues Leben regte, sagten sie ‚Ja' – schlicht und ergreifend: Ja."

Ich war zutiefst berührt, als mir bewusst wurde, dass es mich nur deshalb gab, weil meine Vorfahren ein einfaches, belebendes „Ja" im entscheidenden Moment in sich getragen hatten! Ich spürte unendliche Dankbarkeit gegenüber allen und verbeugte mich mit tiefer Demut vor dem bunt geschmückten Altar.

Dieses „Ja" zum Leben!, erkannte ich erhebend. *Das ist es, was ich von ihnen übernommen habe.* Ich spürte, wenn jeder Mensch sich dieses, dem Leben zugewandten, „Ja" bewusst wäre, würde unsere Gesellschaft heute nicht so mit ihren Alten umgehen! Wie wenig Respekt bekundeten wir doch der Generation, welche die Trümmer und Kriegsschäden beseitigt und das Wirtschaftswunder geschaffen hatte, dem wir heute unseren Wohlstand verdankten! Hatte sie ihr ganzes Leben lang gerackert, um am Ende als hoher Kostenfaktor bei den Gesundheits- und Pflegekassen abgeschoben zu werden? Ich wurde sehr nachdenklich.

Als alle in der Gruppe mit ihrer Arbeit am Stammbaum fertig waren, setzten wir uns in einen Kreis und umfassten mit beiden Händen eine rote Schnur. Während Gerda leise trommelte, gaben wir an diesen symbolischen Verbindungsfaden all das ab, was wir von unseren Ahnen nicht übernehmen wollten. Weil ich die Gunst der Stunde nutzen und nichts vergessen wollte, formulierte ich einen pauschalen Satz: „Ich gebe alles ab, was mich daran hindert, mein Potenzial zu leben."

Anschließend rollte Frank die Schnur auf, verließ den Gruppenraum und ging in den nahe gelegenen Wald, um sie dort zu vergraben.

In der Zwischenzeit stellten wir uns nacheinander mit dem Rücken vor den Ahnenaltar und sprachen mit dem Gesicht zur Gruppe über unsere Herkunft.

„Ich bin Kerstin“, sagte ich langsam und ganz bewusst, als die Reihe an mir war. „Tochter von Fritz und Marianne, Enkelin von Marie und Franz und Frieda und Hermann.“ Ich musste mehrmals tief durchatmen, denn mich überwältigte das Gefühl, von meinen Ahnen „gesehen“ zu werden. „Ich danke euch von ganzem Herzen“, setzte ich meine Rede fort, und dabei kullerten mir Tränen der Rührung über die Wangen. „Dass ihr ‚Ja‘ zum Leben gesagt habt. Dieses ‚Ja‘ übernehme ich von euch. Danke.“

Dann schloss ich meine Augen und fühlte die Liebe und Stärke meiner Ahnen hinter mir.

Zum Abschluss der Ahnenzeremonie stellten wir uns alle im Kreis auf und hielten uns schweigend an den Händen. Ich genoss das unbeschreibliche Gefühl, inmitten meiner ‚Brüder und Schwestern‘ zu dem ‚großen Ganzen‘ zu gehören.

***

In der Gesprächsrunde nach der Mittagspause konnte jeder von seinen Erlebnissen bei der Ahnenzeremonie erzählen. Je näher der Redestein zu mir kam, umso bedrückter und trauriger wurde ich. Als ich ihn schließlich in meinen Händen hielt, konnte ich die Tränen nicht mehr zurückhalten.

„Ich weiß nicht, was los ist“, schluchzte ich. „Nach der Zeremonie vorhin habe ich mich ausgezeichnet gefühlt … und jetzt das hier!“

Gerda musterte mich eingehend. Mir schien, als würde sie mich scannen. Nach einer gefühlten Ewigkeit fragte sie forschend: „Lebensfreude. Wie sieht es in deiner Familie mit Lebensfreude aus?“

Ich zuckte mit den Achseln. „Mir sind keine Clowns und Komiker in der Familie bekannt.“

„Das meine ich nicht.“

„Lebensfreude?“, schniefte ich nachdenklich. „Ich habe keine Ahnung, was das bedeuten soll“, gab ich zu.

„Genau, das meine ich“, sagte Gerda ernst. Im Raum war es mucksmäuschenstill. „Wenn du magst, können wir herausfinden, warum das so ist.“

„Gern“, schnäuzte ich in ein Tempotaschentuch, welches Emma mir gereicht hatte.

„Die Familie ist ein System“, erklärte Gerda. „Und in jedem System wirken unabhängig von unserem Willen bestimmte Gesetze. Wir alle gehören zu einer Familie, und jede Familie hat ihre Geschichte. Bei vielen Problemen, die wir heute – in unserem Leben – haben, liegen die Ursachen in dieser Geschichte. Die Schicksale unserer Eltern, Verwandten, lebend oder verstorben – ja, sogar von Personen, mit denen diese zu tun gehabt hatten – wirken ohne unser Wissen auf einer anderen Ebene und durch Generationen hindurch in unser Leben hinein und blockieren in der Familie den Fluss von Liebe, Licht und Energie – oder wie immer ihr es nennen mögt.“ Sie schaute jeden Einzelnen im Sitzkreis an. „Um solche Störungen aufzuspüren und Blockaden zu lösen ist das Familienstellen eine gute Möglichkeit um wieder Ordnung in die Familie zu bringen – ja, die Familie sogar zu heilen.

Bei der Aufstellungsarbeit werden durch das intuitive Mitwirken von familienfremden Personen – die Stellvertreter genannt werden- Verstrickungen in der Familie erst einmal offen gelegt und anschließend je nach Methode aufgelöst."

Gerda forderte mich auf, aus unserem Kreis drei Personen auszusuchen: einen Stellvertreter für meinen Vater, einen für meine Mutter und einen für mich.

„Willst du für meinen Vater der Stellvertreter sein?", fragte ich daraufhin Theo, dann Rita für meine Mutter und Anita für mich.

Nachdem sie zugestimmt hatten, berührte ich jeden sachte an der Schulter und führte ihn bzw. sie in die Mitte des Raums und positionierte sie so, dass die drei sich gegenüberstanden.

Nach einer Weile fragte Gerda, wie sich jeder in seiner Rolle fühlte und was er wahrnahm. Ich war erstaunt, dass jeder über die Person, die er vertrat, berichtete, als würde er sie persönlich kennen – als würden sie einer unsichtbaren Regieanweisung folgen.

Gerda stellte Juliane, die sich wieder schmerzfrei bewegen konnte, und Beno als Eltern hinter Rita, die meine Mutter vertrat. Obwohl sie nun „Mutter und Tochter" waren, nahmen Juliane und Rita keine Gefühle zwischen sich wahr. Noch nie zuvor war mir so deutlich klar gewesen, dass ich keine einzige Erinnerung an ein herzliches Miteinander zwischen meiner Oma und meiner Mutter hatte. Ihr Verhältnis war in meiner kindlichen Erinnerung eher ein funktionierendes Nebeneinander gewesen. Auch mich hatte meine Oma nie mit Herzlichkeiten überschüttet. Sie war zu mir immer nett gewesen, hatte mir Schokolade geschenkt. *Aber jemals in den Arm genommen?* Ich konnte mich nicht daran erinnern.

Nun stellte Gerda Rudi und Karola als Eltern hinter Juliane, meine Großmutter. Weil sich die drei in dieser Konstellation einig waren, dass alle nur positive Gefühle füreinander hegten, stellte Gerda nach einigem Überlegen Frank, als das große ‚Unbekannte' neben Juliane.

Sofort reagierten die Beiden aufeinander.

„Wer oder was bist du?“, richtete sich Gerda mit ihrer Frage an Frank.

Frank schloss die Augen und sagte nach einer Weile des Hineinspürens: „Ich bin keine Person. Ich bin ein Ereignis.“ Und nach nochmaligem Spüren: „Ich bin ein Gelübde.“

In dem Moment erinnerte ich mich an eine Erzählung meiner Mutter und teilte diese den anderen mit: „Meine Oma ging als junge Frau leidenschaftlich gern tanzen. Ich weiß nicht, wie alt sie war, als sie Schwindelanfälle bekam. Weil kein Arzt ihr helfen konnte, schwor sie in ihrer Verzweiflung, dass sie nie mehr tanzen gehen würde, wenn der Schwindel verschwände.

Von da an ging sie nicht mehr tanzen und die Anfälle verschwanden tatsächlich. Sie soll in ihrem ganzen Leben nie wieder getanzt haben.“

Plötzlich durchfuhr mich eine Welle tiefer Traurigkeit, und ich sagte mit belegter Stimme: „Es gibt nur wenige Bilder von meiner Oma. Aber wenn ich mich recht entsinne, gibt es kein Bild, auf dem sie lacht.“

Gerda holte einen Stapel Werbeflyer vom Tisch vor dem Gruppenraum und überreichte ihn Juliane mit den Worten: „Gib davon so viel an deine Tochter ab, wie es sich für dich richtig und gut anfühlt.“

Kurz darauf antwortete Juliane, als meine Oma: „Der Stapel gehört komplett mir.“

„Dann wende dich jetzt an deine Tochter und wiederhole bitte die Worte: ‚Ich nehme an, was mir gehört. Dafür übernehme ich die volle Verantwortung.‘“

Juliane sprach an Rita gewand nach, was Gerda gesagt hatte.

„Ich gebe dich hiermit frei und entlasse dich in dein Leben. Lebe es in Freude“, fuhr Gerda fort.

Juliane wiederholte Wort für Wort.

Ich kann nicht erklären, wie es geschah, doch plötzlich berichteten Juliane und Rita wie sie spürten, dass sie als Mutter und Tochter zueinander gehörten. Meine Traurigkeit war wie weggeblasen, und ich fühlte mich wie von einer schweren Last befreit.

„Bedanke dich jetzt bei den Stellvertretern“, forderte Gerda mich auf. „Und lass alles in dir wirken. Beobachte, was geschieht. Es kann auch erst viel später seine Wirkung entfalten. Und ihr“, wandte sich Gerda an alle, die als meine ‚Familie‘ im Kreis standen, „dreht euch einmal um euch selbst und macht einen großen Schritt zurück, um aus eurer Rolle als Stellvertreter auszutreten.“

„Danke“, sagte ich und umarmte dabei jeden Einzelnen von ihnen herzlich.

***

Nach einer kurzen Teepause trafen wir uns im Gruppenraum zu einer weiteren geführten schamanische Reise, die zum Ziel hatte, unser Krafttier zu treffen.

„Krafttiere sind Seelenbegleiter, die Botschaften für uns haben. Sie sind Stimmen unseres göttlichen Selbst. Sie sind Gefährten, die uns mit ihren Qualitäten und Fähigkeiten helfen, Antworten in uns zu finden, um unseren Weg zu gehen“, erklärte Gerda. „Seht euch euer Krafttier genau an. Welche Farbe hat es? Gibt es bestimmte Merkmale? Liegt ihm etwas besonders am Herzen, das es euch mitteilen möchte? Fragt es nach seinem Namen!“

„Woher weiß ich, dass das Tier, welches ich treffe, wirklich mein Krafttier ist und ich es mir nicht nur einbilde?“, fragte Theo skeptisch.

„Frage das Tier: ‚Bist du mein Krafttier?'", sagte Gerda. „Wenn es dir während deiner Reise mehrmals begegnet, kannst du sicher sein, dass es dein Krafttier ist."

Da wir keine weiteren Fragen hatten, legten wir uns entspannt auf die Matten, schoben uns die Augenbinden vor die Augen, konzentrierten uns auf die Atmung und lauschten dem Rhythmus der Trommel.

Ich fuhr in einem Fahrstuhl mehrere Stockwerke tief. Als sich die Tür öffnete, trat ich auf eine saftige, grüne Wiese, die bis zum Horizont reichte. Weil alle Tiere darauf paarweise friedlich nebeneinander grasten, glaubte ich, die Arche Noah hätte gerade angelegt. *Wie soll ich unter so vielen Tieren mein Krafttier finden?*, dachte ich verzweifelt. In diesem Augenblick huschte für einen kurzen Moment eine Schlange durch das Bild.

Irgendetwas hatte die Tiere erschreckt. Sie spitzten die Ohren, einige verließen fluchtartig die Wiese und verschwanden somit aus meinem Blick. Nach und nach folgten ihnen all die anderen Tiere – übrig blieb nur eine Schlange.

„Bist du mein Krafttier?", fragte ich misstrauisch. Meine Begeisterung hielt sich in Grenzen. Nicht, dass ich mich vor Schlangen ekelte, doch ich hätte lieber etwas Kuscheliges und Weiches zur Begleitung gehabt. Oder einen Delfin. *Wo waren der Adler und der Hirsch aus meinem Traum?*

Die Landschaft veränderte sich. Plötzlich stand ich im tiefsten Dickicht. In der Hoffnung, mich in meinem Krafttier geirrt zu haben, schlug ich mir voller Tatendrang einen Weg bis zu einer Lichtung frei. Aufmerksam hielt ich nach Tieren Ausschau. Auf einem modrigen Baumstamm entdeckte ich endlich eins – eine Schlange, die in der Sonne lag! Als ihr Blick mir bestätigte, dass sie eindeutig mein Krafttier war, konnte ich meine Enttäuschung nicht vor ihr verbergen.

„Erwarte nichts, dann kannst du nicht enttäuscht werden", hörte ich sie sagen, bevor Gerdas Trommel mich in die Realität unseres Gruppenraumes zurückrief.

***

„Es kann heute spät werden", hatte ich Karsten beim Verlassen des Gruppenraumes raunen gehört und war ihm in die Küche gefolgt.

„Auch Appetit auf ein Affensteak?" Er warf mir eine Banane zu, nachdem ich zustimmend genickt hatte. Ich ließ sie mir schmecken, während ich auf ein freies Klo wartete.

Als wir nach der verlängerten Pause alle wieder unsere Plätze eingenommen hatten, begann Gerda über den nächsten Programmpunkt zu sprechen.

„Trance-Tanzen gibt uns die Möglichkeit, Altes zu überwinden. Durch eine spezielle Atemtechnik könnt ihr zu tieferen Schichten eures Selbst gelangen, wo ihr Antworten auf eure Fragen findet. Die Seele kann sich reinigen, heilen und wieder Eins werden. Trance-Tanzen ist auch ein Weg, um sich mit dem ‚großen Ganzen' zu verbinden. Um die Intensität weiter zu erhöhen, malt ihr euch nachher gegenseitig das Krafttier auf euren Körper, welches ihr vorhin auf eurer Reise getroffen habt."

„Was ist, wenn ich mir in Bezug auf mein Tier nicht ganz sicher bin?", meldete sich Karola zögerlich.

„Komm nachher zu mir und ich werde nachsehen", erwiderte Gerda, bevor sie ihren Vortrag fortsetzte.

„Es gibt beim Trance-Tanzen keine bestimmten Schritte. Lasst euren Körper sich einfach bewegen, ohne ihn zu kontrollieren. Um leichter in die innere Welt eintauchen zu können, tragt ihr während des Trance-Tanzens eure Augenbinden. Deshalb müssen wir vorher den Raum so umgestalten, dass ihr ganz sicher sein könnt. Braucht jemand zwischendurch Hilfe, dann streckt einfach euren Arm in die Höhe und wartet. Karsten, Frank oder ich kommen dann sofort zu euch. Wenn ihr zu euren Füßen einen Widerstand in Form einer Decke spürt, dann müsst ihr euch einen anderen Weg suchen."

Frank drehte alle Heizungen im Raum auf die höchste Heizstufe und gab somit das Signal zum Umräumen. Wir trugen alle Matten und Matratzen aus dem Gruppenraum und stapelten neben dem Fenster die Decken. Heizungen und gefährliche Ecken polsterten wir mit Kissen. Um die Musikanlage herum legten wir einen Wall aus zusammengerollten Decken.

Dann holte jeder seine mitgebrachte Körpermalfarbe aus dem Zimmer und legte sie in die Mitte des Gruppenraumes. Drumherum bildeten wir Vierergruppen, um uns gegenseitig zu bemalen.

Nackt – mit fremden Frauen und Männern – in einer dunklen Schwitzhütte eng aneinandergedrängt zu sitzen, ist das eine, stellte ich befremdlich fest, *sich gegenseitig bei hellem Licht den nackten Körper zu bemalen, ist dagegen etwas ganz, ganz anderes!*

Es bereitete mir keine Mühe, die Gesichter, Oberkörper und Beine von Rudi, Irene und Ursula zu bemalen. Selbst mit bloßen Händen über Frauenbrüste und Hintern zu streichen, machte mir keine Probleme. Doch Rudis Oberschenkel in Höhe seiner Männlichkeit waren für mich eine echte Herausforderung. Wenn ich mich etwas weiter bücken musste, um besser an die

Haut zwischen seinen Beinen zu kommen, baumelte mir sein Penis fast im Gesicht.

„Mein Krafttier ist ein Eichhörnchen. Da kannst du ruhig meine Nüsse mit bemalen", scherzte Rudi.

Ich lächelte schief.

Als ich bemalt wurde, spürte ich den feinen Unterschied, ob die Farbe mit einem Schwamm oder direkt mit den Fingern auf meinen Körper aufgetragen wurde. Ich spürte auch, ob es Ursula, Irene oder Rudi tat.

Mein Anblick im Spiegel begeisterte mich total! Wie bei einer echten Schlange glitzerte auf meinem Körper von oben bis unten eine silber-ockerfarbene Schlangenhaut. Auf meiner linken Wange leuchtete eine lange, rote, spitze Zunge. Meine Bedenken, ob sich die Farben wohl wirklich wieder abwaschen ließen, verschob ich auf später.

Nachdem wir unsere kreativen Ergüsse auf Fotos festgehalten hatten, verteilten sich Elefant, Adler, Kuh, Eidechse, Bär, Affe, Hund, Pfau, Wolf, Igel, Eichhörnchen und Schlange im Gruppenraum. Wir setzten uns die Augenbinden auf die Nase, und bevor Gerda die Play-Taste drückte, sagte sie: „Fühlt die Stärke eurer Krafttiere."

Ich atmete, wie es der Mann auf der CD vormachte – kurz einatmen, kurz einatmen, lang ausatmen ... kurz einatmen, kurz einatmen, lang ausatmen ...

Normalerweise hätte der Rhythmus des ersten Titels mich sofort vom Hocker gerissen, doch ich stand wie angewurzelt. Ab und an rempelte mich jemand an. Auch die mitreißende Musik des zweiten Titels ging wirkungslos an mir vorbei. Ich wunderte mich über mich selbst, denn eigentlich wippte ich bei jeder Musik sofort leicht mit den Zehenspitzen.

„Die Stärke eurer Krafttiere spüren“, erinnerte Meini, während ich mich, meiner Intuition folgend, auf den Boden sinken ließ und zusammenrollte.

Auch der dritte Musiktitel berührte mich nicht. Ich spürte, wie jemand einen Deckenwall um mich herum legte.

„Bewege dich endlich“, trieb Anrich mich an. „Das nennt sich Trance-Tanzen!“

Selbst, wenn ich gewollt hätte, mein Körper fühlte sich leblos an. Mir wurde kalt. Zum Glück konnte ich wenigstens meinen Arm heben und murmeln: „Bitte zudecken.“

„Irgendetwas stimmt nicht mit dir.“, wunderte sich Meini beängstigt.

„Ich bin eine Schlange“, kam die Antwort aus mir heraus.

Da erinnerte ich mich an Besuche im Zoo. Wie oft hatte ich als Kind im Schlangenhaus immer an die Scheibe geklopft, damit die Schlange dahinter sich endlich einmal bewegte. Erleichtert stellte Meini daraufhin fest, dass dann wohl alles ‚im grünen Bereich‘ war.

Ich weiß nicht, wie lange ich so reglos gelegen hatte, doch irgendwann begann ich mich am Boden entlang zu schlängeln – mit dem Ziel, zum Türrahmen zu gelangen. Weil auf dem Weg dorthin ständig jemand über mich stolperte und ich unsicher war, ob die Richtung überhaupt stimmte, streckte ich wieder meinen Arm in die Höhe.

Einer der Assistenten begleitete mich zur Tür. Dort presste ich mich fest an den Rahmen, und als ich in meiner Körperhaltung wieder bewegungslos verharrte, bemerkte ich, dass ich wie eine Schlange meine Zunge aus dem Mund schob und dabei zischte.

„Ich bin gespannt, wie du aus dieser Nummer wieder herauskommst“, zweifelte Anrich.

Nach einer Weile glitt ich vorsichtig auf den Boden, wo ich wieder still liegen blieb.

Irgendwann begann ich mich langsam zu krümmen und zu strecken. Ich schabte mit meinem Rücken an einer Ecke vom Türrahmen. *Jetzt häute ich mich!*, schoss es mir durch den Kopf, als meine Bewegungen intensiver wurden. Ich begann mich leicht mit meinem Oberkörper im Takt der Musik zu wiegen, dann ging ich auf die Knie. Kurz darauf stand ich mit beiden Beinen fest auf dem Parkettfußboden. *Und ich lasse das Alte hinter mir!*

Jeder Muskel meines Körpers schien nun von dem Rhythmus ergriffen, und ich bewegte mich mit einer Intensität, dass es mir schwindelte. Immer wieder musste ich meine Beine zwingen, kurz innezuhalten, um durchatmen zu können, bevor die Musik sich wieder meines Körpers bemächtigte. Ich spürte eine unglaubliche Kraft in mir und die absolute Zuversicht, alles - wirklich Alles (!) schaffen zu können.

Nach einiger Zeit des ekstatischen Tanzens ließ ich mich wieder auf den Boden sinken, rollte mich zusammen und erstarrte erneut. Mir fielen Satzfragmente aus dem Buch „*Krafttiere begleiten dein Leben*“ von Jeanne Ruland ein, das ich in der Pause nach der schamanischen Reise im Flur gelesen hatte: ... *die Schlange fordert dich auf, dich ab und zu zurückzuziehen, um im Inneren Kräfte zu entwickeln ... verbindet dich mit alten, weiblichen Mysterien ... erinnert dich, von Zeit zu Zeit deine alte Haut abzustreifen, um in dein wahres Sein hineinzuwachsen ... lehrt dich den Schlangentanz, mit dem du Botschaften aus anderen Reichen empfangen kannst ... mit ihren Kräften ist nicht zu spaßen ... ihr Gift kann töten oder heilen.*

Irgendwann wurde die Musik ruhiger und leiser. Dann war es ganz still, bis Gerda sagte: „Jeder steht jetzt in seinem Tempo auf und geht duschen. Danach treffen wir uns zu einem kleinen Mitternachtsmahl in der Küche.“

Montag, 18. Juli 2010

„Wach auf, steh auf, das Leben ruft dich!“, weckte uns Frank mit Gesang und Klangschale um 8.00 Uhr früh.

Ich war um diese Zeit schon längst gewaschen und wieder ins Bett gekrochen, um die Entscheidung zwischen Yoga und Qi Gong hinauszuzögern. Draußen lachte die Sonne und ich wäre am liebsten zum Qi Gong in die Natur gegangen, doch der erste Programmpunkt für heute war Yoga im Gruppenraum.

„Yoga ist freiwillig“, wollte Meini mich bei der Entscheidungsfindung unterstützen.

„Aber alle haben gestern Nacht gesagt, dass sie heute morgen mitmachen werden“, belehrte mich Anrich. „Selbst die, die zu Hause mit Yoga nichts am Hut haben. Du wärst also die Einzige aus der Gruppe, die nicht mitmacht. Willst du das?“

Nein, das wollte ich natürlich nicht. Aber ich hatte auch keinen Bock auf Yoga. Die Asanas erinnerten mich zu sehr an die quälenden Aufwärmübungen im Sportunterricht. Und ich hatte bei all meinen bisherigen Yoga-Versuchen meinen Körper noch nie so im Fluss erlebt, wie ich es jedes Mal empfand, wenn ich Qi Gong machte. Ich konnte doch nichts dafür, dass ich keinen Zugang zu Yoga fand. Yoga gab mir einfach nichts.

„Yoga gibt mir nichts“, äffte Anrich mich nach. „Mach einfach die Übungen mit und basta.“

Ich wollte aber nicht einfach etwas mitmachen, nur weil alle anderen es taten.

„Immer diese Extrawürste! Musst du denn immer aus der Reihe tanzen?“, fragte Anrich vorwurfsvoll.

Nein. Nur das tun, was mir Spaß macht – und obendrein noch guttut.

„Wer weiß, was du in der Gruppe verpasst, wenn du beim Yoga nicht dabei bist“, zog Anrich seine Trumpfkarte aus dem Ärmel.

Das war das einzige Argument, dem ich nichts entgegenzusetzen hatte.

***

Als ich im Gruppenraum auf die anderen traf und bemerkte, dass es bei ihnen an Augenrändern, Haaransätzen und hinter den Ohren noch giftgrün oder metallic blau leuchtete, konnte ich über meinen dezenten Silber-Ockerton gelassen hinwegsehen. Dabei hatten wir uns gestern Abend unter der Dusche gegenseitig kräftig die Rücken geschrubbt und eine Menge Seife und Creme verbraucht.

Während ich meine Yogamatte in der Nähe der Tür ausbreitete, hörte ich den Garten nach mir rufen. Sehnsüchtig schaute ich aus dem Fenster.

„Und anspannen … halten, halten ...", kommentierte Gerda munter jede Asana, während ich die Zähne zusammenbiss, in der Hoffnung, diese Spannung würde sich in Sekundenschnelle in mein ausgestrecktes Bein verlagern. „Auch das geht vorüber", war mein bevorzugtes Mantra dieser Stunde.

Ich konnte das rechte Bein nicht lange genug oben halten. Beim Ablegen fiel es härter auf den Boden, als ich es beabsichtigt hatte – es knackte laut in meinem großen Zeh. Während ich ihn massierte, sah ich den anderen bei den folgenden zwei Asanas zu. Bei der dritten Übung versuchte ich, wieder mitzumachen – umsonst – denn mein rechter Zeh boykottierte alle Bemühungen. Ich ergab mich meinem Schicksal und blieb im Schneidersitz auf der Yogamatte sitzen.

„Wenn du hier sowieso nur rumsitzt, kannst du ruhig in den Garten gehen und Qi Gong machen", ermunterte mich Meini.

„Qi Gong machst du im Stehen, dazu brauchst du den Zeh nicht."

„Wer weiß, was du dann in der Gruppe verpasst?", erinnerte Anrich und fügte hinzu: „Was sollen die anderen von dir denken, wenn du einfach gehst?"

Nicht schon wieder die alte Leier!, erkannte ich mein altes Denkmuster. Einem intensiven Impuls folgend stand ich entschlossen von der Matte auf und verließ leise den Gruppenraum. Niemand hatte aufgeblickt, als ich die Tür hinter mir schloss.

Auf dem Weg zum Teich wünschte ich meinem Freund – dem Apfelbaum – beschwingt einen „Guten Morgen". Seine Blätter begrüßten mich freudig in der freien Natur. Sie bejubelten meinen Mut, auf mich selbst gehört zu haben.

Ich suchte mir im Garten ein sonniges Plätzchen am Wasserzulauf und lauschte seinem Murmeln. Ich genoss jede einzelne Qi Gong Übung an der frischen Luft. Mit ausladenden Bewegungen brachte ich mein Chi zum Fließen – vom Schmerz im rechten großen Zeh fehlte jede Spur.

Wie gut mein Körper für mich sorgt, schmunzelte ich und bedankte mich bei ihm aus tiefstem Herzen.

Dann ging ich ins Haus zurück, und setzte mich zu den anderen an den Frühstückstisch.

***

„Es gibt viel mehr zwischen Himmel und Erde, als wir mit unseren Sinnen wahrnehmen", sagte Gerda, nachdem wir uns wieder im Gruppenraum getroffen hatten. „Darum gibt es auch mehr Welten, als die eine, in der wir leben. Wie der Name schon verrät, werdet ihr bei dem anschließenden Vier-Welten-Gespräch eure Antworten von der Mineralwelt, der Pflanzen-, Tier- und Menschenwelt bekommen."

Gerda diktierte uns für jede Welt eine Frage, die wir dann dort stellen sollten, bevor sie uns mit den Worten entließ: „Geht jetzt in die Natur und lasst euch von eurer Intuition zu den einzelnen Welten führen. Bedankt euch bei jeder Welt nach dem Gespräch mit den getrockneten Rosenblüten, die ihr extra dafür mitgebracht habt."

Ich wollte gerade das Anwesen verlassen, als mir einfiel, dass ich ausgerechnet die Rosenblüten nicht mit dabeihatte. *Was man nicht im Kopf hat, das hat man in den Beinen*, fluchte ich, als ich darum noch einmal hoch ins Zimmer eilte, um die Autoschlüssel zu holen, denn die getrockneten Rosenblüten lagen noch im Auto.

Das Vierbettzimmer, welches ich mir mit Ruth, Irene und Anita teilte, war zwar der größte Schlafraum im Himde-Haus, aber für eine Chaotin wie mich eindeutig zu klein. Obwohl ich mir vorher zu Hause alles in Tüten und Taschen vorsortiert hatte, verlor ich langsam die Übersicht. Darum hatte ich mein Auto zum Abstellraum erklärt und nahm den längeren Besorgungsweg dafür in Kauf.

Weil es mir jedoch zum wiederholten Mal passiert war, dass mir erst im Garten einfiel, was ich vergessen hatte aus dem Kofferraum zu holen, und ich deshalb immer zurück in die zweite Etage laufen musste, um mir den Autoschlüssel von dort zu holen, beschloss ich kurzerhand, das Auto ab jetzt offen zu lassen. Ich hätte den Autoschlüssel auch ständig bei mir tragen können, allerdings waren meine Hosentaschen viel zu klein dafür. Der Platz reichte gerade mal für eine Packung Taschentücher und ein kleines Döschen mit Schüsslersalz Nr.3, das ich immer bei mir trug, damit ich beim kleinsten Kratzen im Hals oder Kribbeln in der Nase mit einer Ferrumtablette jede Erkältung bei mir erfolgreich vertreiben konnte.

„Wer soll denn hier in der Walachei an stinkender Schmutzwäsche, Isomatten oder alten Gummistiefeln interessiert sein", beruhigte ich Meini, der mich eindringlich vor herumstreunenden Dieben warnte. Diesmal wollte ich ihn mit seiner Schwarzmalerei einfach links liegen lassen.

***

Ausgerüstet mit dem Schamanenequipment von Dinkelkörnern, Kompass, wetterbeständiger Sitzunterlage und Schreibzeug, sowie den getrockneten Rosenblüten folgte ich meiner Intuition und wanderte der Sonne entgegen.

Nachdem ich etwa einen Kilometer gelaufen war, setzte ich mich an einer Weggabelung auf eine Bank und überlegte, wo ich bei dem Vier-Welten-Gespräch mit der Mineralwelt in Kontakt gehen sollte und wie ich es am besten anstellte. Da hörte ich einen kleinen Stein zu meinen Füßen sagen: „Wozu in die Ferne schweifen, sieh', das Gute liegt so nah."

Lerne nur das Glück zu greifen, denn das Glück ist immer da, vervollständigte ich schmunzelnd in Gedanken den Spruch aus meinem Poesiealbum, während ich das Blatt, auf welchem ich mir die Fragen für das Vier-Welten-Gespräch geschrieben hatte, aus dem Rucksack kramte.

„Was ist mein Schatz?", las ich dem kleinen Stein vor.

„Offenheit und Neugierde."

„Das ist alles?", notierte ich enttäuscht die zwei Worte.

„Diese Eigenschaften haben eine andere Qualität als du bisher gedacht hast. Wenn du neugierig bist, weil dich etwas wirklich interessiert und nicht, um dich darüber mit anderen zu vergleichen, wirst du den Unterschied feststellen. Ebenso, wenn du alles ausprobierst, um eigene Erfahrungen zu sammeln und nicht, um vor anderen damit zu prahlen."

Ich notierte die Antwort der Mineralwelt auf das Papier und legte als Dankeschön eine getrocknete Rosenblüte auf den Stein.

Dann ging ich wieder zurück in Richtung Himde-Haus. Auf dem Hinweg hatte mich bereits ein Baum beim Vorbeigehen angesprochen.

„Laut Anweisung stelle ich der Pflanzenwelt erst die zweite Frage", hatte ich ihn auf später vertröstet.

„Da bist du ja wieder", freute er sich nun. Der Baum stand an einem Abhang zu einer Wiese, auf der Kühe weideten. Ohne große Mühe gelangte ich an seinen Stamm. Ich spürte die zerfurchte Rinde unter meinen Händen, als ich ihn fragte: „Wie kann ich meinen Schatz pflegen und mehren?"

„Beobachte deine Gedanken. Hol' sie dir in dein Bewusstsein."

Ich schrieb seine Aussage auf das Blatt Papier und legte zum Dank eine getrocknete Rosenblüte in seine freigelegten Wurzeln. Dabei entdeckte ich eine verwitterte Holzbank unter den Zweigen, die viel stabiler war, als sie aussah. Wegen des moosigen, schimmeligen Belags breitete ich meine Sitzunterlage darauf aus, bevor ich Platz nahm.

„Wie kann ich meinen Schatz leben?", fragte ich dann eine braun gescheckte Kuh, die gerade auf der anderen Seite des Zauns Gras zupfte.

„Sei wie ein Kind", erhielt ich als Antwort. „Sei unbefangen und frei von Vorurteilen."

Zum Dank an die Tierwelt legte ich eine getrocknete Rosenblüte auf den Zaunpfahl.

Für die Frage an die Menschenwelt hatte Gerda uns aufgetragen, in spirituellen Kontakt mit einem Menschen zu gehen. *Was auch immer das bedeuten mochte!??*

Gedankenlos ließ ich meinen Blick in die Ferne schweifen. Plötzlich nahm ich einen Mann wahr, der über die Wiese auf mich zukam – es war Jesus Christus. Darüber wunderte ich mich nicht im Geringsten. Seit Jesus mir vor einigen Jahren bei einem Besuch in Prag vom Bronzekruzifix auf der Karlsbrücke zum ersten Mal zugezwinkert hatte, war er mir – trotz meiner atheistischen Erziehung – zu einem vertrauten Begleiter geworden.

Nachdem sich damals in Prag meine anfängliche Verwirrung über diese freundschaftliche Geste gelegt hatte, hatten sich meine Fragen förmlich überschlagen. *Hat Jesus sich nicht geopfert, um die Sünden der Welt auf sich zu nehmen? Warum sprechen wir dann immer noch von Schuld und Sünde? Warum ist im Christentum jeder Mensch von Geburt an ein Sünder? Ist Jesus nicht aus Liebe zu uns und für uns am Kreuz gestorben, um uns von Schuld und Sünde zu erlösen?* All' das beschäftigte mich sehr, doch noch mehr beschäftigte mich der Gedanke, wie man Jesus – dessen helles Leuchten pure Liebe war – noch anders darstellen konnte, als in der Form der Kruzifixe, wie ich sie kannte?

Einige Jahre später entdeckte ich während eines Aufenthalts in Lissabon, zufällig in der äußersten Ecke einer Schaufensterablage, das Bild „*Der barmherzige Jesus*“ von Eugeniusz Kazimirowski, einem polnischen Maler. Jesus war darauf in ein weißes Gewand gekleidet, um seinen Kopf herum strahlte seine leuchtende Aura. Mit der linken Hand berührte er sein

Herzchakra, aus welchem blaue und rote Farbstrahlen flossen. Die rechte Hand hatte er zum Gruß erhoben.

Seit Lissabon trage ich dieses Bild in der Größe einer Visitenkarte immer bei mir. Jedes Mal, wenn ich etwas aus meiner Brieftasche hole, blicke ich in Jesus sein liebevolles Gesicht - und mein Herz öffnet sich.

Worüber ich mich heute auf der Bank unter dem Baum also wunderte war nicht, dass Jesus mir als Vertreter der Menschenwelt erschien, sondern sein Outfit. Er kam in Trekkinghose und Funktionsshirt.

„Wie kann ich meinen Schatz teilen?", stellte ich Jesus die vorletzte Frage auf meiner Liste.

„Sei!", bekam ich als Antwort.

Obwohl ich mit dieser Aussage wenig anfangen konnte, kullerten mir ergriffen einige Tränen über die Wange.

„Geht es bitte etwas genauer?", wollte ich von ihm wissen, denn spirituelle Plattitüden waren mir einfach zuwider. Meiner Meinung nach waren zu viele davon im Umlauf, deshalb war meine liebste Kalenderweisheit: Es gibt so viele weise Sprüche und so wenig Menschen, die sie anwenden. Aus diesem Grund wollte ich Konkreteres von Jesus hören und gab unumwunden zu: „Ich verstehe es nämlich nicht."

Anstelle einer weiteren Antwort blickte Jesus mich wohlwollend an – mit einem gütigen Lächeln, das liebevoll zu sagen schien: „Eines Tages wirst du es verstehen." Dann zwinkerte er mir freundschaftlich zu – und war weg.

Wenn es sich bei ihm nicht um Jesus gehandelt hätte, dann hätte ich mich jetzt echt verarscht gefühlt. So aber dachte ich verärgert, *Jetzt bin ich genauso schlau wie vorher.*

Laut Gerdas Anweisung sollten wir uns für die letzte Frage auf den Boden legen. Weil dieser vom nächtlichen Regen aber noch feucht war, blieb ich auf der Bank sitzen und fragte: „Wer bin ich dann?"

Ich werde, was ich bin, fiel mir selbst die Zeile eines Liedes als Antwort ein.

Tief ergriffen schluchzte ich auf, bevor ich eine Zehntelsekunde später gereizt dachte: *Wieder so eine nichtssagende Antwort!* Trotzdem summte ich dieses Lied, während ich als Dankeschön an die Menschenwelt die restlichen getrockneten Rosenblüten um mich herum verteilte.

***

Als ich zur verabredeten Zeit den Gruppenraum betrat, saßen nur Gerda, Karsten und Frank bereits auf ihren Plätzen und waren in ein Gespräch vertieft.

„Oh, Entschuldigung", sagte ich leise und wollte den Raum wieder verlassen, als mir Karsten per Handzeichen zu verstehen gab, dass meine Anwesenheit nicht störte.

Freie Platzwahl, freute ich mich und steuerte direkt auf eine Stelle im Raum zu, von wo aus man einen fantastischen Blick in den Garten hatte. Bisher war dieser Platz immer von Ursula besetzt gewesen, die die besondere Aura der Fortgeschrittenen umgab. Zu meiner vollsten Zufriedenheit fehlte jetzt nur noch ein Stuhl oder Ähnliches, denn auf Dauer fand ich das Sitzen auf dem Boden echt unbequem. Ohne lange zu überlegen, nahm ich mir deshalb erst zwei, dann drei Yogakissen und stapelte sie übereinander. Um den Wohlfühlfaktor weiter zu erhöhen, verschob ich den Yogakissenturm ein bisschen, sodass ich mich mit meinem Rücken an einen Pfeiler anlehnen konnte.

Jeder, der nach mir den Raum betrat, hielt wegen der dadurch neu entstandenen Sitzordnung kurz inne, bevor er sich wortlos einen neuen Platz suchte.

„Ich sorge gut für mich", redete ich mir selbst besänftigend zu, als ich ein sonderbares, flaues Gefühl in der Magengegend verspürte. Ich musste mich erst daran gewöhnen, höher als alle anderen im Sitzkreis zu thronen. Meine Knie dankten es mir, indem ich völlig entspannt der nächsten Gesprächsrunde folgen konnte.

„Man hört so viel über Selbstliebe", sagte Karola, als der Redestein in ihren Händen lag. „Aber man weiß nicht, was es wirklich bedeutet. Kannst du dazu noch ein bisschen was erzählen?"

Ich war ihr dankbar, dass sie dieses Thema anschnitt, weil ich heute Morgen nach dem Frühstück in der Küche eine Engelkarte gezogen hatte, auf der stand: Selbstliebe! Noch nie hatte ich mir wirklich ernsthaft darüber Gedanken gemacht.

„Achte bitte in Zukunft darauf, das unpersönliche Wort ‚*man*' durch ‚*ich*' zu ersetzen. Damit bist du bereits sprachlich ganz bei dir. Das ist Selbstliebe. Mir selbst", Gerda legte ihre Hand in Höhe des Herzchakra auf die Brust, „Aufmerksamkeit schenken. Mich selbst wichtig nehmen. Meine eigenen Bedürfnisse mitteilen. All' das bringen wir mit dem kleinen Wörtchen ‚*ich*' zum Ausdruck. Versuch es bitte noch einmal", ermunterte sie Karola.

„Ich höre so viel über Selbstliebe, aber man ... ich ...", korrigierte sich Karola, „weiß nicht, was es wirklich bedeutet. Kannst du dazu etwas sagen?"

„Eine Begriffserklärung findest du sicher in Wikipedia", antwortete Gerda. „Über Selbstliebe an sich gibt es jede Menge

Bücher. Wie sie sich jedoch anfühlt, das findest du am besten selbst heraus." Sie schaute munter in die Runde. „Das könnt ihr übrigens alle ausprobieren. Stellt euch dazu vor einen Spiegel, blickt euch in die Augen und sagt zu euch: „Wie schön, dass es dich gibt. Ich habe dich lieb."

„Gibt es ein Buch, welches du mir besonders empfehlen kannst?", ließ Karola nicht locker. „Damit man ... damit ich mehr darüber lesen kann?"

„Mach' die Übung. Das ist der beste Weg, um Selbstliebe zu erfahren", überhörte Gerda ihre Bitte. „Wir können stundenlang über Selbstliebe philosophieren, wie auch über die Liebe, aber wenn sie dich erwischt, dann fehlen dir die Worte. Warum also sich in Worten verlieren, um Gefühle zu beschreiben?"

Für eine Weile schien es, als lauschte Gerda dem nach, was sie eben gesagt hatte.

„Apropos Gefühle", nahm sie den Faden wieder auf. „Heilung passiert nicht hier", dabei tippte sie sich an die Stirn. „Hier beginnt der Erkenntnisprozess. - Heilung geschieht durch Verzeihen. Und das findet im Herzen statt."

***

Am Abend war eine Schwitzhütte geplant, für die wir den ganzen Nachmittag über alles vorbereitetet hatten. Als ich vom Weidengerüst ein verwittertes Band entknoten wollte, war ich so blöd mit dem Messer abgerutscht, dass ich mir tief in den Daumen geschnitten hatte.

„Zeig mal." Emma griff nach meiner verletzten Hand, als ich mir das dritte blutige Tempo vom Daumen gewickelt hatte. „Darf ich?"

Nachdem ich zustimmend genickt hatte, malte sie mit ihren Fingern über meine Schnittwunde, auf dem Bauch liegende Achten in die Luft. „Das stillt die Blutung und lässt die Haut schneller heilen. Magst du es selber versuchen?"

Wieder nickte ich und folgte ihren Anweisungen. Ich legte die Finger meiner rechten Hand so, als würden sie einen Stift halten. Mit diesem imaginären Stift malte ich wenige Zentimeter über der Schnittverletzung an meinem linken Daumen, auf dem Bauch liegende Achten in die Luft. Dabei lag die Mitte der Acht genau über der Verletzung. Ich malte so lange, bis es in meinem verletzten Daumen kribbelte und ich das Gefühl hatte, dass es genug sei.

Die Blutung hörte auf und ich hatte keinen Schmerz mehr im Daumen. Nicht einmal dieses unangenehme Gefühl, welches mit Schnittverletzungen normalerweise einhergeht und einen in den Bewegungen einschränkt. Ich konnte weitermachen, als sei nichts geschehen.

Als ich später das Haus verließ, um meine mitgebrachten Steine auf die Mesa zu legen, traf ich Emma auf dem Weg zum Schwitzhüttenplatz.

„Alles klar?", fragte sie.

„Dem Daumen geht es ausgezeichnet", strahlte ich. „Das ist wie Zauberei."

„Das ist keine Zauberei", lächelte sie. „Energetische Achten aktivieren deine Selbstheilungskräfte."

„Gut, dass ihr Beide kommt", empfing uns Gerda und beendete somit unser gerade erst begonnenes Gespräch. „Ich möchte jetzt die Schwitzhütte weihen und bitte euch, mich dabei zu unterstützen. Zieht eure Schuhe aus und folgt mir bitte schweigend."

Ein tiefes Gefühl von Dankbarkeit vor der Schöpfung ergriff mich, als ich zusammen mit Gerda und Emma vor der untergehenden Sonne in der Schwitzhütte sang, bevor wir drei uns schweigend auf den Boden legten.

Da geschah etwas Sonderbares … *Habe ich Halluzinationen?*, überlegte ich mit flatterndem Herzen und rooftste, um mich zu erden.

Es war unglaublich, aber ich spürte tatsächlich, wie die Erde unter mir atmete … Ich hörte wirklich den Herzschlag von Mutter Erde! …

Ein wohliges Gefühl von Zugehörigkeit durchströmte mich, als ich anschließend im Kreis von Gleichgesinnten in die Flammen des Lagerfeuers blickte. Das gemeinsame Singen machte mir Spaß und die Harmonie zwischen den Frauen- und Männerstimmen bereitete mir Gänsehautfeeling. Die umherfliegenden Funken verliehen der Szenerie eine ganz besondere Magie.

Dann begann die eigentliche Schwitzhüttenzeremonie. Wie damals im März wurde es mir in der Hütte bald wieder unerträglich heiß. Um mich von der Hitze abzulenken, blieb mir aber nichts weiter übrig, als mich auf meine Atmung zu konzentrieren. Anders als im Frühjahr, mussten wir dieses Mal in der letzten Runde jedoch nicht schweigen. Darum stöhnte und jammerte ich, dass ich es in der Hitze nicht mehr länger aushalten würde.

„Atme", sagte plötzlich in der Dunkelheit eine tiefe Stimme neben mir und eine kräftige Männerhand streckte sich zu mir, nach der ich wie eine Ertrinkende griff. Wie bei der Geburt meiner Söhne wälzte ich mich hin und her und stöhnte qualvoll.

„Atme", wiederholte die Stimme. Ich klammerte mich an die Hand und hechelte, wie ich es bisher nur dreimal in meinem

Leben getan hatte. Dann schrie ich unvermittelt auf, und im selben Moment schob sich ein Vorhang zur Seite.

... da war unendliche Weite ... Frieden ... Stille ...

… da war nur Liebe … da war nur Sein … da zählte nur der Moment …

Ich verspürte den innigen Wunsch, mich vor dieser Unendlichkeit – dessen Teil ich war – zu verneigen, voller Demut und aus tiefstem Herzen. Vor lauter Glückseligkeit hatte ich das Gefühl, mich nicht tief genug verbeugen zu können. Ich fühlte, wie einfach das Leben war – frei von allem Müssen … frei von Haben … einfach nur ein Sein! ...

Ich wünsche alle Menschen können solch einen Moment erleben. Dann gäbe es keinen Hass, keinen Neid und keine Kriege mehr.

Ich lag ganz ruhig da und weinte vor Glück leise vor mich hin.

Ich weiß nicht, wie viel Zeit vergangen war. Die Decke war zurückgeschlagen und durch den Eingang schien Mondlicht in die Hütte, in der jetzt angenehme Temperaturen herrschten.

„Verlasst jetzt bitte die Schwitzhütte", forderte uns Gerda vor der Ahnenrunde auf.

Schade, dachte ich, als ich zum Eingang kroch. Ich wäre gern noch etwas geblieben.

Als Gerdas Gesang aus der Hütte erklang, hielt ich es nicht länger am Feuer aus. Jede Zelle meines Körpers schrie nach Bewegung. Ich tanzte und sprang im Vollmond nackt über die Wiese und fühlte mich wie neugeboren. Vor lauter Glück wollte ich die ganze Welt umarmen. Überwältigt, dass ich solch unbeschreibliche Momente erleben durfte, verbeugte ich mich ein letztes Mal an diesem Tag vor der schöpferischen Grandiosität des Universums, bevor ich mir den Bademantel überzog und ins Haus ging.

Dienstag, 19. Juli 2010

Auf dem Weg zur Morgentoilette fiel mir Gerdas Übung zum Thema Selbstliebe wieder ein: mir in die Augen schauen und sagen: Ich liebe dich.

Nichts leichter als das, dachte ich, als ich im Bad in den Spiegel über dem Waschbecken blickte. Ich drehte langsam mein Gesicht nach rechts und links, strich mit dem Finger die Krähenfüße am rechten Auge glatt, zählte die dicksten Mitesser auf der Nase und entdeckte ein langes, dunkles Haar oberhalb des linken Mundwinkels.

„Du sollst dir in die Augen schauen“, erinnerte mich Meini.

„Wo bist du gewesen, als im Himmel schwungvolle, schwarze Wimpern verteilt wurden?“, lenkte Anrich vom Thema ab.

„In die Augen schauen“, ermahnte Meini. „IN!“

Als es mir endlich gelang und ich mir wirklich zum ersten Mal richtig tief in die Augen sah, erschrak ich im ersten Moment, weil es sich ungewohnt anfühlte. Verwundert bemerkte ich, dass es viel leichter fiel, mir ins linke Auge zu schauen, deshalb konzentrierte ich mich auf dieses. Es erinnerte mich an die blauen Augen der Göttin, die ich auf der schamanischen Reise getroffen hatte.

Nachdem ich mich langsam an den Anblick meiner Iris gewöhnt hatte, kroch ich fast in den Spiegel hinein. Wie in Trance starrte ich in meine linke Pupille. Plötzlich hatte ich den Eindruck, ich rutschte in mir eine Etage tiefer in eine andere Dimension. Erschrocken trat ich vom Spiegel weg und verließ aufgewühlt das Bad.

Für den Rest des Tages vermied ich jeden weiteren Blickkontakt mit meinem Spiegelbild.

***

„Darf ich euch ein bisschen hauseigenen Kräutertee nachschenken?“, fragte Theo und setzte sich mir gegenüber an den Frühstückstisch.

Ich schob ihm dankend meine Tasse entgegen.

„Ich hab noch“, lehnte Emma neben mir ab. Die Flüssigkeit in ihrer Tasse war glasklar.

Ich hatte beobachtet, dass sie den ganzen Tag über ihre große Tasse überall mit hinnahm und nur mit frisch gekochtem Wasser auffüllte, deshalb fragte ich neugierig: „Trinkst du immer nur heißes Wasser?“

„Ja“, nickte Emma. „Manchmal ergänze ich es im Sommer mit einem Glas Fresh Lime Soda am Abend. Das ist ein Getränk aus einem Esslöffel Zitronensaft auf ein Glas Sprudelwasser, mit einem Teelöffel Zucker und einer Prise Salz. Wenn mein Körper danach verlangt, dann genehmige ich mir solch ein selbst gemachtes, elektrolytehaltiges Getränk. Im Winter ersetze ich das durch heißen Apfelsaft mit Zimt.“

„Immer nur Wasser?“, fragte ich nach, weil das über meine Vorstellungskraft ging. „Ist das nicht langweilig?“

„Im Gegenteil“, lächelte Emma. „Ich habe nicht die Qual der Wahl auf der Getränkekarte, und es ist viel billiger. Meistens wissen die Servierkräfte nämlich nicht, wie sie es buchen sollen und ich bekomme mein Getränk umsonst. Oft muss ich meine Getränkebestellung wiederholen, weil sie so ungewöhnlich ist. Ich sage dann immer, sie sollen mir ein Glas Tee ohne Teebeutel bringen. Weil sie mir das heiße Wasser dann auf die übliche Weise als Teegedeck servieren, kostet mein Getränk nichts, plus einen Keks dazu. Manchmal bemerke ich, wie das Personal mich beobachtet. Es fällt ihnen schwer zu glauben, dass jemand wirklich nur heißes Wasser trinkt und nicht doch irgendetwas Mitgebrachtes aus der Tasche zieht.“

„Warum tust du das?", blieb ich dran. „Ich habe gehört, dass ein Glas lauwarmes Wasser am Morgen die Verdauung anregen soll. Aber immerzu heißes Wasser?"

„Als ich vor mehr als zehn Jahren damit anfing, tat ich es aus gesundheitlichen Gründen. Ich war damals total fertig mit der Welt. Heute nennt man es Burn-out. Meine Akkus waren leer, alle Energiereserven aufgebraucht. Auf der Suche nach Möglichkeiten zur eigenen Energiegewinnung entdeckte ich TCM – die Traditionelle Chinesische Medizin – und stolperte dabei über das heiße Wasser.

Damals veränderte ich mein Leben grundlegend. Dazu gehörten auch meine Trinkgewohnheiten. Das fiel mir anfangs nicht leicht, denn zuvor hatte ich mehr als fünf Tassen schwarzen Tee am Tag getrunken. Weil es mir gesundheitlich aber so dreckig ging, schaffte ich es mit Ingwerwasser und Disziplin. Irgendwann ließ ich den Ingwer weg und übrig geblieben ist das heiße Wasser." Wie zur Bestätigung nahm sie einen großen Schluck aus ihrer Tasse.

„Unser Gehirn besteht zu 75 Prozent aus Wasser, die Leber zu 71 Prozent und die Muskulatur zu 70 Prozent", beteiligte sich Theo an unserem Gespräch. „Darum ist es so wichtig, ausreichend zu trinken."

„Was ist ausreichend?", wollte ich wissen.

„Darüber gibt es verschiedene Meinungen. Die einen sagen eineinhalb bis zwei Liter pro Tag, die anderen schwören auf 100 Milliliter je Kilogramm Körpergewicht. Auf jeden Fall ist Durst ein sicheres Zeichen dafür, dass man viel zu wenig getrunken hat." Theo trank von seinem Tee, bevor er fortfuhr. „Wusstet ihr, dass es sich negativ auf die Zensuren auswirken kann, wenn man zu wenig trinkt?" Ohne eine Antwort abzuwarten, dozierte er weiter: „Die Kapazität unseres Kurzspeichers leidet unter unzureichender Flüssigkeitsaufnahme. Bei älteren Menschen kann es zu Gedächtnisstörungen kommen. Eine zu geringe Trinkmenge kann außerdem Nierenerkrankungen, Blasenleiden, Verstopfung und Magenbeschwerden mit verursachen. Bei zu geringer Flüssigkeitszufuhr verringert sich die Durchblutung und es gelangt zu wenig Energie und Sauerstoff zu den Organen. Zu wenig Abfallprodukte werden ausgeschieden. Konzentration, Koordination und Reaktion lassen nach." Theo holte Luft und trank wieder von seinem Tee.

„Für mich ist der beste Indikator mein Urin", sagte Emma. „Ist der hell und geruchsfrei, dann weiß ich, dass ich ausreichend getrunken habe."

„Und warum muss dass Wasser heiß sein?", rümpfte ich meine Nase und stellte mir den faden Geschmack von zu schwach aufgebrühtem Tee vor.

„Eigentlich trinke ich es lauwarm, doch lauwarm ist subjektiv. Da bestelle ich mir lieber heißes Wasser – lauwarm wird es dann von allein."

„Warum trinkst du denn kein kaltes Wasser?", hakte ich nach. „Das schmeckt wenigstens."

„Warmes auch", Emma lächelte vielsagend. „Unsere Körpertemperatur beträgt etwa 36,6 Grad Celsius. Bei jedem kalten Getränk muss der Körper extra Energie aufwenden, um es für den Magen verträglicher zu machen. Als ich damals mit meiner eigenen Körperenergie – welche in der TCM ‚Qi' genannt wird – haushalten musste, leuchtete mir der chinesische Ansatz durchaus ein."

„Klingt irgendwie schräg", murmelte ich.

„Wirkt aber."

„So wie die energetischen Achten gestern?"

„Genau."

Neugierig fragte ich Emma weiter aus, weil mich das Phänomen seit gestern beschäftigte. „Wie funktioniert das mit dem Aktivieren der Selbstheilungskräfte?"

„Es gibt eine Erklärung dafür", gab sie bereitwillig Auskunft. „Aber ich kann es nicht wiedergeben. Mir fehlen die passenden Worte, und deswegen lass ich es lieber bleiben. Zum Glück gibt es Bücher und das Internet. Da kannst du alles nachlesen." Sie beugte sich zu mir, als wollte sie mir ein Geheimnis verraten. „Ich habe vor einiger Zeit aufgehört, für Dinge, die ich nicht verstehe, nach rationalen Erklärungen zu suchen, nur damit mein Kopf zufrieden ist. Mir ist viel wichtiger, dass die Dinge geschehen. Oder wie du so schön sagst, dass sie funktionieren. Ich frage nicht mehr nach dem Wie – Hauptsache, es wirkt!", lehnte sich Emma mit einem verschwörerischen Augenzwinkern zurück.

***

Nachdem wir die Schwitzhütte abgebaut hatten und der Platz wieder genau so aussah wie vorher, trafen wir uns im Gruppenraum.

Einer muss immer den Anfang machen, freute ich mich, als Irene und Anita bei den Yogakissensitztürmen mitzogen. Ich war sogar ein bisschen stolz auf mich, dass ich diese Eine gewesen war.

„Heute Vormittag geht ihr in die Natur und macht eine Himmelsrichtungs-Zeremonie, die auch Steinkreis-Zeremonie genannt wird. Dazu benötigt ihr einen Kompass, Schreibzeug, wetterfeste Kleidung und eine Sitzmöglichkeit. Außerdem braucht ihr eine Schale, getrocknete Kräuter, Feder und Feuerzeug zum Räuchern. Denkt an Dinkel oder Tabak als Geschenk für den Platz und die Kräfte." Gerda machte eine Pause, bevor sie erklärte, was eine Zeremonie der Himmelsrichtungen war.

„Ihr geht zu dem Platz, von welchem ihr euch angezogen fühlt, und fragt den Boden, ob ihr dort sitzen dürft. Dann sucht ihr dort nach vier Steinen. Sollten diese sehr klein sein und im hohen Gras liegen, müsst ihr deren Position im Steinkreis eventuell mit Hölzern markieren.

Solltet ihr direkt am Platz keine Steine finden, könnt ihr sie von woanders her mitbringen. Fragt aber vorher die Steine, ob ihr sie für diesen Zweck nehmen dürft. Wenn ja, dann markiert euch ihre Herkunftsplätze, damit ihr sie nach der Zeremonie wieder dorthin zurücklegen könnt – es sei denn, die Steine möchten woanders hin. Fragt sie einfach.

Wenn ihr an eurem Platz so weit alles vorbereitet habt, bestimmt ihr mittels Kompass die Himmelsrichtung und legt jeweils einen Stein dorthin. Euer Sitzplatz befindet sich im Zentrum. Dort räuchert ihr erst einmal. Danach stellt ihr im Uhrzeigersinn nacheinander den Himmelskräften eure Fragen, notiert sofort die Antworten und bedankt euch."

Nachdem Gerda uns die geschlechterspezifischen Fragen diktiert hatte, beendete sie ihre Ausführungen mit der Aufforderung: „Wir treffen uns in zwei Stunden wieder hier im Gruppenraum."

Zu all den Gegenständen, die Gerda aufgezählt hatte, packte ich noch eine Flasche Wasser, Taschentücher, Schüsslersalz Nr. 3, Sonnencreme, zwei Bananen, Glasmurmeln und meinen Wecker in den Rucksack.

Ich fühlte mich von einer Wiese am Ende des großen Grundstücks angezogen. Darüber war ich sehr froh, denn ich wollte nicht irgendwo in Wald und Flur eventuell fremde Zuschauer bei meiner Zeremonie dabeihaben.

„Darf ich dich mitnehmen?“, fragte ich vorsichtshalber vier verschiedene Steine auf dem Weg dorthin. Jeder von ihnen war sofort einverstanden. Um mir besser merken zu können, welcher Stein nach der Zeremonie wieder wohin gelegt werden musste, markierte ich mir die Stellen mit bunten Glasmurmeln.

Als ich die Wiese erreicht hatte, breitete ich auf einer ebenen Fläche meine Decke aus, bestimmte mit dem Kompass die Himmelsrichtung und legte zum leichteren Wiederauffinden in jede Richtung einen von den mitgebrachten Steinen. In der Mitte der Decke platzierte ich mich und meinen Rucksack.

Zum Räuchern füllte ich getrockneten Salbei in einen kleinen Aschenbecher, der mir als Feuerschale diente. Mit Feuerzeug, Pusten und Federwedeln versuchte ich das Kraut zu entzünden. Weil mir als Nichtraucherin aber die Übung fehlte, scheiterten alle meine Versuche an dieser Stelle. Das war der Grund, warum ich im Prinzip nie räucherte – auch dieses Mal hatte ich wenig Aussicht auf Erfolg.

„Mach nicht so viel Tamtam“, vernahm ich deutlich die Worte ohne Stimme. „Das ist nicht notwendig. Stelle einfach deine Fragen.“

Erleichtert ließ ich den Punkt „Räuchern“ ausfallen und holte das Schreibzeug aus dem Rucksack. Danach rutschte ich auf der Decke so lange hin und her, bis die Kompassnadel auf Süden zeigte.

„Ein Teil der Natur“, vernahm ich schon eine Antwort, obwohl ich noch gar keine Frage gestellt hatte. Darum schob ich sie nach: „Wer bin ich als Frau?“

Während ich mich im Sitzen in Richtung Norden drehte bat ich: „Nicht so schnell mit den Antworten.“ Dann fragte ich: „Was ist meine Aufgabe als Frau?“

„Gehorche."

„Das kann nicht sein", empörte ich mich. „Mussten wir Frauen nicht schon seit Jahrtausenden den Männern und der Kirche gehorchen?!" Ich hatte mich sicher verhört. Darum wiederholte ich die Frage noch einmal langsam: „Was ist meine Aufgabe als Frau?"

„Gehorche", nahm ich deutlich wahr. „Gehorche der Stimme in dir. Und nur ihr!"

Während ich die Worte auf den Zettel notierte, bekam ich eine leise Ahnung, wovon hier die Rede war. Ich sollte auf meine innere Stimme hören. Die leise Stimme, tief in mir - die ich leider viel zu oft ignorierte. Wie oft hatte ich rückblickend feststellen müssen, dass sie mir von Anfang an das Richtige empfohlen hatte?

Ich bedankte mich beim Norden und stand auf. Um in Uhrzeigerrichtung vom Norden in den Westen zu kommen, musste ich mich eine dreiviertel Runde um mich selbst drehen.

„Woher komme ich als Frau?", fragte ich, nachdem ich mich wieder auf die Decke gesetzt hatte.

„Von den Ahnen."

Ich notierte die Antwort. Dann rutschte ich auf den Knien in Richtung Osten und ließ mich wieder auf den Po fallen. „Wohin geht mein Weg mit dem Herzen einer Frau?"

Eine Weile war es still, dann sah ich die Umrisse meines eigenen Körpers vor meinem geistigen Auge, ähnlich dem Pfefferkuchenmann aus dem Film „Shrek" – nur war mein Körper voller Licht. Dieses Bild berührte mich tief in meinem Herzen. Nach einer Weile ließ ich mich – immer noch sehr ergriffen – für die Frage an das Zentrum einfach nach hinten fallen.

„Wie ist meine Sexualität als Frau?"

„Lebe deine Sexualität", vernahm ich. „Genieße sie, denn wenn es dir gut geht, geht es auch allen anderen gut."
Nachdem ich alles notiert hatte, was mir wichtig erschien, beendete ich die Steinkreis-Zeremonie mit einem herzlichen Dankeschön an die Himmelsrichtungen und die Kräfte. Die Dinkelkörner wollte ich erst dann streuen, wenn ich den Platz verlassen würde. Ein kurzer Blick auf den Wecker zeigte mir nämlich, dass ich noch eine gute Stunde Zeit bis zum Treffen im Gruppenraum hatte. Ich blickte in die Runde. Mein Platz lag vor neugierigen Blicken geschützt, so konnte ich noch ein bisschen Sonne tanken. Schnell zog ich mich aus und legte mich nackt auf die Decke.

Die Sonne wärmte mir Bauch und Venushügel. Zärtlich strich der Wind über meine Brüste. Ich zog beide Beine an und kreiste entspannt und sanft mein Becken.

„Hör auf damit", missbilligte Meini mein Tun. „Das gehört sich nicht." Erschrocken hielt ich inne.

„Was ist denn schon dabei?", fragte Anrich unschuldig. Da ließ ich die Schenkel zu beiden Seiten fallen.

„Du schamlose Person", fauchte Meini. Tatsächlich schämte ich mich jetzt, mit gespreizten Beinen in der Sonne zu liegen und ihre Wärme auf dem Teil meines Körpers zu spüren, der die meiste Zeit in einem engen Slip eingesperrt war. *Warum schäme ich mich? Es ist doch niemand hier – außer mir.*

Plötzlich erinnerte ich mich an ein Gefühl, das ich als Mädchen von etwa 8 Jahren hatte.

Mein Vater war in seinen jungen Jahren ein überzeugter Partei-Genosse der SED gewesen. Nur aus Respekt vor meiner Oma ließ er mich katholisch taufen. Ich hatte deshalb zwar einen Patenonkel, aber nur sehr selten Kontakt zu ihm. Und auch meine Oma kümmerte sich nicht um meine katholische Erziehung.

Eines Tages schenkte mir mein Patenonkel eine Kinderbibel. Weil ich für mein Leben gern las, zog ich mich in mein Zimmer zurück und klappte neugierig das Buch auf - was für ein Schock! Die Illustrationen fand ich unglaublich schrecklich und der Text flößte mir bereits auf der ersten Seite panische Angst ein: „Gott sieht alles! Gott hört alles! Gott weiß alles!"

Wahrscheinlich sollten diese einleitenden Worte Trost spenden – ich fand sie einfach nur unheimlich. Am liebsten hätte ich das Buch weggeworfen, traute mich aber nicht – weil Gott ja alles sah! Darum versteckte ich es in der hintersten Ecke im Buchregal. Doch auch das bereitete mir Unbehagen – weil Gott ja alles wusste!

Und genau dieses Unbehagen von damals spürte ich jetzt wieder.

„Der Geist ist frei wie ein Vogel", vernahm ich erneut die Worte ohne Stimme, und während ich auf meiner Decke in der Sonne vor mich hin döste, hörte ich weiter: „Die Gedanken sind wie die Gitterstäbe eines Käfigs."

Das klang in meinen Ohren wie Absolution. Daraufhin folgte ich meinem Gefühl und schaukelte sanft mein Becken, sodass die Sonnenstrahlen meinen Schambereich liebkosten. *Warum benutzen wir solch ein negativ besetztes Wort für einen Teil des Körpers, der eigentlich Lust auf mehr macht?*

„Lass diesen Schweinkram", tadelte Meini verächtlich. „Eine anständige Frau benimmt sich nicht so."

„Wer will denn schon anständig sein?", hauchte Anrich. „Je weniger Gedanken, umso mehr Freiheit. Scheiß auf Konventionen!"

Lustvoll spreizte ich weit meine Beine auseinander und rekelte mich sinnlich auf der Decke. Voller Wonne genoss ich die Sonne auf all meiner Weiblichkeit.

***

Nach der Mittagspause fanden wir uns im Gruppenraum zu einer schamanischen Reise ein. Karsten und Frank warteten bereits mit ihren Trommeln auf uns.

Nichts passiert ohne Grund, auch wenn sich mir dessen Sinn oft erst viel später erschließt. Warum kann ich in meinem Leben nicht einfach darauf vertrauen, dass alles einen Sinn hat?, waren meine letzten Gedanken, bevor mich die gleichmäßigen Trommelschläge forttrugen.

Die Reise führte mich in eine Höhle, die zu meiner Verwunderung dunkelrot, gut durchblutet, warm und aus elastischem Gewebe war. *Meine Gebärmutter,* stellte ich erstaunt fest.

In der Höhle brannte ein Feuer. Darüber hing ein Kessel, in welchem eine Steinzeitfrau Suppe kochte. Ein Steinzeitmann ging in der Höhle ein und aus und brachte der Frau alle Zutaten, die sie zum Kochen benötigte. Sie sprachen kein Wort miteinander. Skeptisch beäugte jeder, was der andere tat.

Die Frau kochte die Suppe für den Mann. Er misstraute ihr jedoch bei der Zubereitung. Deshalb hatte er Angst, von der Suppe zu essen. Doch sie war für ihn lebensnotwendig, denn sie gab ihm die Kraft, die er brauchte, um für die Welt draußen - vor der schützenden Höhle - stark zu sein. Die Frau wiederum misstraute dem Mann, denn sie hatte keine Ahnung, in welcher Weise er seine Kraft außerhalb der Höhle gebrauchte.

Weil sie einander nicht trauten, konnten beide ihrer Aufgabe nicht gerecht werden. Die Frau blieb auf der Suppe sitzen und der Mann wurde immer schwächer. Deshalb verlor er immer mehr an Kraft, um aus der Höhle zu gehen und neue Zutaten zu besorgen, welche die Frau für die Suppe brauchte, die der Mann aber nicht aß.

Was für ein Irrsinn?, dachte ich auf meiner Matte liegend. *Wie dumm von den Beiden.*

Plötzlich erkannte ich in der Frau meine weibliche Yin-Energie – die empfangende, nährende, verletzliche, ungeschützte, öffnende, liebende, bewahrende Qualität.

Das berührte mich tief.

In dem Mann erkannte ich meine männliche Yang-Energie – die nach außen tragende, Grenzen setzende, aktive, verteidigende, erobernde, tatkräftige Qualität.

Das berührte mich ebenfalls sehr.

Warum dieses Misstrauen zwischen den Beiden?, forschte ich in mir nach.

In das Schweigen der Höhlensituation hinein kam mir die Idee, Licht auf die Szene fließen zu lassen. Ich legte eine Hand auf den Bauch, während ich mit der anderen in die Luft über mir griff und an die heilende Quelle – sprich Duschkopf – andockte. Dann stellte ich mir vor, wie zwischen beiden Händen helles Licht floss …

Nach einer Weile spürte ich, wie sich in meiner Gebärmutter ein „Knoten" löste.

Kurz darauf riefen die Trommeln zum Abschied.

Als ich die Höhle verließ, sah ich, dass der Mann seinen Arm liebevoll um die Schulter der Frau gelegt hatte. Die Frau schmiegte ihren Kopf an seinen.

Voller Freude trat ich die Rückreise an.

***

Nach einer längeren Teepause gestalteten wir den Gruppenraum ein weiteres Mal trancesicher. Heute würden wir zu dem Thema „innere Frau – innerer Mann" tanzen, hatte Gerda angekündigt.

Ich hatte mich entschieden, in Bikinihöschen und T-Shirt zu erscheinen. Bevor ich mir jedoch die schwarze Binde vor die Augen schob, bemerkte ich, dass Karola, Irene und Beno vollkommen nackt waren. Noch ehe ich einen Gedanken darüber verlieren konnte, erklang die Musik und ich konzentrierte mich, wie es der Mann auf der CD vormachte, ganz auf die Atmung – kurz einatmen, kurz einatmen, lang ausatmen ...

Ohne dass ich es wollte, veränderte sich plötzlich meine Haltung. Ich drückte den Rücken durch und schob das Kinn vor. Mir war, als wüchsen mir Muckis in meinen Oberarmen. Ich fühlte mich wie ein Indianerhäuptling. Mit erhobenem Haupt und stolzer Brust schritt ich die nächsten beiden Titel kraftvoll durch den Raum. Obwohl ich wegen der Augenbinde nichts sehen konnte, setzte ich sicher und selbstbewusst einen Fuß vor den anderen. Ich war überzeugt, dass ich auf meinem Weg mit niemandem zusammenstoßen würde. *Ich weiß, was ich will!*, war mein Lebensgefühl. Ja, ich fühlte mich mächtig, im Sinne von unangreifbar – wie ein Fels in der Brandung.

Dann veränderte sich die Musik. Violinen und Flöten lösten die Percussionsinstrumente ab. Der Rhythmus wurde fließender, die Melodic harmonischer. Der Häuptling in mir, fiel in sich zusammen. Übrig blieb eine zarte, kleinc, scheue, schüchterne Frau. Obwohl ich ängstlich auf meinem Platz stehen blieb, wurde ich ständig von anderen angerempelt, denen ich leise Entschuldigungen zumurmelte. Darum beschloss ich, mir einen anderen Platz zu suchen. Vorsichtig tastete ich mich hilflos durch den Raum, ohne zu wissen, wohin ich eigentlich wollte. *Was ist das für ein mieses Gefühl?*, dachte ich und ließ aus dem imaginären Duschkopf über mir heilendes Licht fließen ...

Daraufhin verwandelte ich mich in eine lebenslustige, füllige Frau, mit großen Brüsten und breitem Becken, die mit strammen Waden fest auf dem Boden stand – eine Frau vom Typ „afrikanische Mama".

Sooo will ich nicht sein!, lehnte ich entschieden ab.

Nun veränderte ich mich in eine attraktive, schlanke Schönheit mit verführerischen roten Locken und einem Sex-Appeal, das mein Herz höher schlagen ließ. Leider bekam ich in dem hautengen Kleid kaum Luft und tänzelte wie auf High-Heels unsicher auf meinen Fußballen umher. *Das will ich auch nicht!*, motzte ich erneut.

Die Musik änderte sich wieder und einen Titel lang fühlte ich den kraftvollen Indianerhäuptling in mir.

Dann machte mich der nächste Titel wieder weicher, hilfloser, unsicherer.

Dann eben doch die afrikanische Mama, gab ich resigniert auf und wunderte mich gleichzeitig über meine Klischee behaftete, durch Vorurteile geprägte Frauenvorstellung. Es dauerte einige Takte, bis ich in die Qualität der afrikanischen Mama richtig einsteigen und sie wirklich annehmen konnte. Aber dann ...! Dann genoss ich die Freiheit, mir selbstbewusst und lebensfroh meinen Raum zu nehmen. Wild und entschlossen tanzte ich schwungvoll zur Musik.

Nach einer Weile fiel mir auf, dass ich zwischen Indianerhäuptling und Afrikamama switchte. In dem einen Moment wiegte ich lustvoll meine Hüften und im nächsten Augenblick schritt ich zielstrebig durch den Raum. Dann schienen die beiden in mir, miteinander zu tanzen. Erst vorsichtig und zurückhaltend, dann immer heftiger. Und während sich – nach Luft japsend – mein Körper ekstatisch verrenkte, vereinigten sich die beiden Tänzer in mir.

Dann endete die Musik. Wie nach einem Orgasmus glitt ich glücklich und erschöpft auf den Boden.

In die abschließende Stille hinein sah ich vor meinem geistigen Auge die Höhle, welche ich vorhin auf meiner schamanischen Reise besucht hatte. Ich sah wie der Steinzeitmann Holz für das Feuer besorgte, welches von der Steinzeitfrau gehütet wurde.

Wieder einmal lüftete sich ein Schleier. Ich erkannte in dem Steinzeitmann die männliche Energie, mit den männlichen Eigenschaften wie Mut, Stärke und Ausdauer - und in der Steinzeitfrau die weibliche Energie mit ihren weiblichen Eigenschaften wie Gefühl, Kraft, Wärme und Verständnis.

Dann zerfiel vor meinem inneren Auge das Bild von der Höhle und verwandelte sich in das Symbol von Yin und Yang.

Meine Gedanken überschlugen sich förmlich, als mir bewusst wurde, dass sich die Symbolik auf jeden einzelnen Menschen, jede Beziehung, jede Gesellschaft übertragen ließ. Ein ausgeglichenes Nebeneinander von männlicher und weiblicher Energie bedeutete die gleichberechtigte Verbindung von weiblicher Intuition mit männlichem Mut.

Diesen Mut brauchte ich, um zu dem zu stehen, was ich fühlte - um mein Gefühl in die Welt hinaustragen zu können. Meine innere Weiblichkeit ermöglichte es mir, überhaupt erst in das Gefühl zu kommen. Meine innere Männlichkeit gab mir den Mut und die Stärke, all das Gefühlte auch zu leben. Waren diese beiden Teile im Einklang, wurde mein Handeln von gefühlvollem Denken und vernünftigen Gefühlen geleitet. Ich war ergriffen, als ich das Yin-Yang in seiner ganzen Bedeutung erfasste.

Wie sieht diese ausgeglichene Verbindung eigentlich in mir selbst aus? Wie oft hörte ich auf mein Gefühl? Wie oft ging ich über meine Grenzen, obwohl mein Körper schmerzte, nur weil mir der Mut fehlte, mich für meine Bedürfnisse starkzumachen? Wie oft nahm ich meine eigenen Bedürfnisse überhaupt wahr?

Während ich diesen Fragen in mir nachspürte, machten meine Gedanken unvermittelt einen gewaltigen Satz. *Wie sieht es mit diesem gleichberechtigten Nebeneinander in der Familie und in der Gesellschaft aus? Welchen Spagat mussten Frauen machen, um Beruf und Familie unter einen Hut zu bekommen? Welchen überholten Idealbildern jagten Männer hinterher?* Um bei meinen archetypischen Bildern zu bleiben: Wie konnte in einer Familie kraftspendende Suppe auf den Tisch kommen, wenn beide Partner damit beschäftigt waren, Holz zu sammeln? Was passierte mit einer Gesellschaft, wenn alle unterwegs waren, um Holz zu sammeln? Wer kochte dann überhaupt noch die Suppe?

„Soll das jetzt ein Plädoyer für ‚Frauen zurück an den Herd' sein?", kritisierte mich Meini lautstark.

„Auf gar keinen Fall", konterte ich. Aber Gleichberechtigung hin oder her. Fakt war, dass Frauen die Kinder gebaren. Und eine Geburt ging mit hormonellen Veränderungen einher, die sich durch keine gesellschaftliche Rollenverteilung (wie z.B. die Frauenquote) beeinflussen ließen. Das führte über kurz oder lang zu überlasteten Frauen, sich überflüssig vorkommenden Männern und ausgebrannten Gesellschaften.

Es muss doch noch andere Wege geben, das Leben so gestalten zu können, dass jedem Einzelnen das harmonische Miteinander von seiner inneren Frau und seinem inneren Mann gelingt. Wenn jeder Mensch mit sich selbst im Frieden war, wäre das förderlich für jede Beziehung, wovon letztendlich die gesamte Gesellschaft profitierte.

Ich lag immer noch auf dem Boden, während die massiven Einsichten der letzten Minuten in eine Vision übergingen:

Ich sah, wie sich Frauen und Männer gleichermaßen bis etwa zu ihrem 30. Lebensjahr auf den Weg machten, ihre eigentliche Aufgabe zu erfüllen – der Arterhaltung um den Fortbestand der Menschheit zu sichern. Sobald sich Nachwuchs anmeldete, waren beide gleichberechtigt für die Brutpflege verantwortlich. Das hieß für die nächsten 10-15 Jahre blieben Männer und Frauen zu Hause und kümmerten sich gemeinsam um ihre Kinder. Für diesen Zeitraum bekamen sie Geld in Form eines Kredits.

Wenn der Nachwuchs mit etwa drei Jahren anfing, stundenweise das „Nest" zu verlassen, um soziale Kontakte zu anderen Kindern zu knüpfen, konnten die Eltern diese Zeit für sich nutzen. Neben der gemeinsamen Erledigung des Haushalts hatten sie genügend Zeit, ihre Beziehung als Paar zu pflegen oder eigenen Hobbys nachzugehen. Sie hatten so Gelegenheit, Kraft für ihr Familienleben zu tanken.

Wenn die Kinder mit etwa 15 Jahren begannen, eigene Wege zu gehen, besuchten die Eltern Seminare, um sich für den Arbeitsmarkt wieder fit zu machen. Sie holten in Crashkursen nach, was sie in ihrem Beruf während der Brutpflege versäumt hatten, oder orientierten sich, aufgrund ihrer in der Familienzeit erworbenen Kompetenzen, beruflich ganz neu.

Da für Männer und Frauen der kräftezehrende Spagat zwischen Kind, Beruf und Familie entfiel, standen nun beide gleichberechtigt dem Arbeitsmarkt mit ihrem ganzen Potenzial zur Verfügung und konnten ungehindert ihre berufliche Karriere starten. Bei der gegenwärtig hohen Lebenserwartung blieb ausreichend Zeit, um den Kredit zurückzuzahlen und für den „Lebensabend" vorzusorgen.

Mittwoch, 20. Juli 2010

In der Phase des langsamen Erwachens am Morgen kündigte ein leichtes Ziehen im Bauch meine Blutung an. *Warum lässt Gott uns Frauen so leiden?,* drängte sich mir die Frage auf.

„Männer leiden im Krieg", sagte Meini.

„Und müssen sich jeden Tag rasieren", fügte Anrich hinzu.

Eine unglaubliche Wut machte sich in mir breit, als ich an die furchtbaren Schmerzen bei der Geburt dachte. Dann wurden meine Gedanken sprunghafter. Ich dachte an traumatische Demütigungen durch Vergewaltigungen und Misshandlungen, welche Frauen und Mädchen in allen Epochen der Menschheitsgeschichte und in allen Regionen der Welt ausgesetzt gewesen waren – bis in die heutige Zeit.

Das lässt kein Gott zu, der bedingungslose Liebe ist!, dachte ich sehr zornig.

Wut, Wut, Wut. Ich spürte eine riesige Wut im Bauch. Ich war wahnsinnig empört über jede zum Himmel schreiende, frauenfeindliche Ungerechtigkeit und fühlte quälende Ohnmacht darüber. Wie konnte ich Gott das jemals vergeben?

Während ich noch überlegte, wer mir darauf eine Antwort geben könnte, nahm ich die Worte ohne Stimme wahr: „Du musst fühlen, um zu vergeben." Gleichzeitig bekam ich den Impuls, Licht in meine Wut fließen zu lassen.

In meiner Vorstellung öffnete ich den imaginären Duschkopf über mir und ließ heilendes Licht über mich strömen …

Nach einer Weile wurde meine Atmung ruhiger.

„Gott ist immer neutral", vernahm ich wieder die Worte ohne Stimme. „Menschen haben all die Verletzungen angerichtet. Und dann behauptet, es sei im Namen Gottes geschehen."

Ich fühlte, wie sich der Wutknoten langsam löste und sich Frieden in mir ausbreitete. *Warum aber die schrecklichen Schmerzen während der Geburt?*, konnte ich dennoch keine Ruhe geben.

„Ohne unsagbare Schmerzen", vernahm ich erneut die Worte ohne Stimme, „kein unbeschreibliches Glück."

Stimmt, dachte ich und bekam wie immer sofort feuchte Augen, als ich mich an das einzigartige, wundervolle Glücksgefühl erinnerte, wie ich als frischgebackene Mama meine Jungs das erste Mal in meinen Armen gehalten hatte. Die Schmerzen der Geburt hatte ich darüber tatsächlich ganz vergessen.

***

Gleich nach dem Aufstehen übte ich mich noch einmal in Selbstliebe. Mein Gesicht war diesmal nur wenige Zentimeter vom Spiegel entfernt, wobei ich mich voll auf mein linkes Auge und die Dimension dahinter konzentrierte. Sie jagte mir heute keinen Schrecken mehr ein. Dafür bereitete mir die Liebeserklärung an mich enorme Probleme.

„Ich ...", stammelte ich. Anfangs streikten meine Gedanken und ließen die Worte „liebe dich" einfach nicht zu. Darum ließ ich aus dem imaginären Duschkopf über mir heilendes Licht auf mich fließen ...

Nach einer Weile murmelte ich ganz leise zu meinem Spiegelbild: „Ich liebe dich", schämte mich jedoch sofort dafür und schaute mich um, als hätte mich jemand dabei ertappt - und das, obwohl ich ganz allein im Bad war und die Tür abgeschlossen hatte. Als ich sicher war, dass mich wirklich niemand beobachtete, flüsterte ich etwas mutiger: „Ich liebe dich."

„Wirklich?", zweifelte Meini skeptisch.

Ja natürlich, kam es wie aus der Pistole geschossen. *Liebe bedeutet für mich, Verständnis für die Schwächen und Macken des Anderen zu haben und ihm seine Fehler zu verzeihen.*

„Tolle Theorie", applaudierte Anrich. „Aber mal ehrlich, wie hältst du's wirklich mit der Selbstliebe? Hast du Verständnis für d e i n e Schwächen und Macken? Verzeihst du d i r deine Fehler?"

Ich begann die Liebe zu mir kritischer zu hinterfragen.

Wie behandele ich mich selbst wirklich?

Meist ziemlich nachlässig.

Wie oft ärgere ich mich über mein Verhalten?

Viel zu oft.

Kann ich mir selbst verzeihen?

Viel zu selten. Meistens bestrafte ich mich eher durch einen visualisierten Schlag mit einer Bratpfanne gegen den Kopf, als mich liebevoll in den Arm zu nehmen. Diese ablehnende Haltung mir selbst gegenüber stimmte mich plötzlich sehr traurig und ich musste bitterlich weinen. Da ließ ich wieder Licht auf mich herabfließen ...

Nach einer Weile spürte ich, wie unterschiedlich es sich anfühlte, ob ich mir selbst verständnisvoll begegnete und mitfühlend sagte: „Was hast du gemacht?" oder ob ich denselben Satz hart und voller Vorwürfe an mich richtete.

Da bekanntlich die Erkenntnis der erste Schritt für Veränderungen war, beschloss ich auf der Stelle, in Zukunft im Umgang mit mir sanfter und liebevoller zu sein und auf die Bratpfannenmethode – sprich Selbstvorwürfe, zu verzichten.

„Ja", lachte ich nun die Frau im Spiegel mit offenem Herzen an. „Ich liebe dich!" Und mit fester Stimme fügte ich laut hinzu: „Mit all deinen Ecken und Kanten, Macken und Meinungen. Schön, dass es dich gibt!"

***

„Alle Lebewesen haben einen Energiekörper. Die Chakren sind feinstoffliche Hauptenergiezentren, die entlang der Wirbelsäule liegen. Wir fühlen uns erst dann richtig wohl, wenn unsere sieben Chakren ausgeglichen sind. Darum beginnen wir heute den Tag mit einer ‚Chakra-Atmung'", begrüßte uns Gerda im Gruppenraum.

„Das erste Chakra heißt Wurzelchakra und befindet sich am unteren Ende der Wirbelsäule unter dem Steißbein. Das zweite ist das Sakralchakra, es liegt etwa eine Handbreit unter dem Bauchnabel." Gerda legte ihre Hand auf die beschriebene Stelle und ließ sie auf ihren Körper mitwandern, während sie sprach. „Das Solarplexuschakra ist das dritte Zentrum, wir finden es unterhalb des Rippenbogens. Dann kommt das Herzchakra, es liegt in der Brustmitte in Höhe des Herzens. Das fünfte ist das Halschakra und das befindet sich im Kehlkopfbereich. Das sechste - das Stirnchakra - haben wir mittig, oberhalb der Augenbrauen. Das siebente Chakra ist das Kronenchakra, es liegt in der Mitte oben auf dem Schädel, teilweise auch darüber.

Bei der Chakra-Atmung führt ihr euren Atem konzentriert durch alle sieben Chakren. Ihr schließt dabei die Augen und beginnt unten beim Wurzelchakra. Atmet der Reihe nach in alle sieben Körperbereiche, die ich euch eben gezeigt habe. Wenn ihr oben das Kronenchakra erreicht habt, machen wir eine kleine Pause. Danach wiederholen wir diese Atmungsfolge noch zweimal."

Gerda schaltete den CD Player an. „Folgt nun der Musik. Der Wechsel zwischen den einzelnen Chakren ist gut zu hören. Dennoch sage ich ihn zusätzlich an."

Ich hatte mir einen Platz am Fenster gesucht, wo ich – wie beim Qi Gong – meine Füße schulterbreit auseinanderstellte, die Knie leicht beugte und das Becken sanft nach vorne kippte. Während der ersten Atemzüge schaute ich hinaus in die Natur. Als ich das immer lauter werdende Atmen der anderen hinter meinem Rücken hörte, schloss ich die Augen, um besser bei mir sein zu können.

Um mich herum war es dunkel. Ich hatte das Gefühl, als wäre ich in einer Kiste – abgeschnitten von allem und jedem. Das machte mir Angst, darum ließ ich aus dem imaginären Duschkopf über mir heilendes Licht auf mich fließen …

Daraufhin löste sich die Kiste langsam auf. Die Dunkelheit blieb zwar, doch sie hatte nichts Bedrohliches mehr. Im Gegenteil, jetzt bot sie mir Schutz.

So ging ich in der ersten Runde von Chakra zu Chakra. Dabei konzentrierte ich mich weniger auf die Atmung, als auf das Freilegen der einzelnen Chakren. Dazu folgte ich der Musik und ließ in jedes Chakra, aus dem imaginären Duschkopf über mir, Licht fließen …

Mir schien, als würde ich die einzelnen Chakren von jahrzehntelangem Schmutz befreien. Und die Tränen, die ich dabei vergoss, schwemmten alles Alte fort. Das Sakralchakra befreite ich von rostigen Ketten, das Solarplexuschakra von wucherndem Efeu. Aus dem Herzchakra zog ich einen Dolch, aus dem Halschakra vertrieb ich plappernde Münder. Und in den letzten beiden Chakren wedelte ich die Nebelschwaden fort.

Als wir mit der zweiten Runde begannen, fühlte ich mich, als sei ich von einer schweren Last befreit worden. Ich legte nun meine Hände jedes Mal auf das entsprechende Chakra, um meine Atmung besser dorthin lenken zu können.

In der letzten Runde spürte ich, wie sich vom Wurzelchakra ausgehend eine unsichtbare Verbindung zum Boden unter mir aufbaute, welche von Chakra zu Chakra mitwuchs. Je höher wir kamen, umso intensiver wurde meine Atmung und umso heftiger die Bewegungen.

Wie beim Sex, schoss es mir durch den Kopf.

„Hör sofort damit auf!", forderte Meini empört. „Was sollen denn die anderen von dir denken?"

„Mir doch egal", winkte Anrich ab.

Meine Kehle war ganz trocken, darum verschluckte ich mich ständig im Halschakra.

Im Stirnchakra konnte ich gar nicht so schnell atmen, wie ich mich bewegte. Und bei der Ankunft im Kronenchakra jauchzte und stöhnte ich zwischen all dem Hüpfen und Springen und Atmen und Husten und Lachen.

Als mich die Emotionen zu überwältigen drohten, schrie ich laut auf und ließ mich glücklich auf den Boden fallen, wo ich höchst befriedigt der Erregung in mir nachspürte …

***

Hoffentlich reichen die Stullen, skeptisch drückte ich die letzte Plastikdose zu. Mit Ursula und Rita hatte ich seit dem Frühstück unzählige Butter- und Käsebrote geschmiert, während Irene und Emma Tee aufbrühten und heißes Wasser für die Wärmflaschen in Thermoskannen füllten.

Mit Rucksack, zwei Schlafsäcken, zwei Isomatten und einer präparierten Plane stieg ich zu Theo ins Auto, in welchem bereits Rudi und Anita saßen. Unsere Gruppe plus Gepäck plus Verpflegung hatten sich auf vier Autos verteilt. Auf der Fahrt zu einer Höhle, in welcher wir die Nacht verbringen wollten, redete niemand ein Wort. Ich döste vor mich hin und schaute in die graue Landschaft, die am Fenster vorüberflog.

Mir war mulmig beim Gedanken an die Höhle. Seit ich denken konnte, hatte ich Angst in dunklen Räumen, deshalb schlief ich nie bei geschlossenen Rollläden und mied fensterlose Keller. In meiner Kindheit hatte es keine erfolgreichere Strafe gegeben, als die Ankündigung, dass am Abend beim Zubettgehen die Kinderzimmertür geschlossen würde. Dann gab es nämlich kein Licht mehr, das durch den offenen Türspalt fiel – aber gerade das gab mir immer ein Gefühl von Geborgenheit.

Nach einer guten Stunde Fahrt erreichten wir den angesteuerten Parkplatz, von dort aus hatten wir noch etwa 500 Meter bis zum Höhleneingang zu laufen. Es hatte zu nieseln begonnen und ich beglückwünschte mich zu der Entscheidung, ein Regencape mitgenommen zu haben. Es gab für mich nichts Unangenehmeres als nasse Schuhe und Kleidung – außer, noch darin schlafen zu müssen. Darum hatte ich neben einer Ersatztaschenlampe ausreichend Wechselkleidung in meinem Rucksack.

Zweimal war ich vollbepackt mit Schlafsäcken und Planen vom Auto zur Höhle gelaufen. Dann bereitete ich mich für den Höhlengang vor. Glücklicherweise war es inzwischen von oben her trocken, sodass ich mich in aller Ruhe auf der Ladefläche von Theos Kombi umziehen konnte.

Im Vorfeld hatte ich mir viele Gedanken über das passende Höhlen-Outfit gemacht, mich letztendlich für den Zwiebellook entschieden, bei dem ich nichts falsch machen konnte. Ich trug unter meiner Skihose eine Feinstrumpfhose und eine Leggins, unter meiner Jacke ein kurzärmliges T-Shirt, ein langärmliges T-Shirt und einen Pullover. In meinen Jackentaschen verstaute ich Taschenlampe und Batterien, Mütze, Handschuhe,

Creme, Taschentücher und mein heiß geliebtes Schüsslersalz Nr. 3. Dann schulterte ich meinen fast leeren Rucksack und ging ein letztes Mal zum Eingang der Höhle.

Bald schon musste ich meine Jacke ausziehen, denn ich war eindeutig zu warm angezogen.

„Lasst euer Gepäck erst einmal hier." Gerda wies auf zwei Kisten mit Essen und Thermoskannen, die unter einer großen Plane vor der Höhle standen. „Geht schweigend hinein. Denkt daran, dass ihr in der Höhle immer eine Mütze tragt. Sie dient eurem Kopf als Puffer, falls ihr irgendwo anstoßen solltet."

Das riesige Felsmassiv vor mir flößte mir unwahrscheinlichen Respekt ein. Diese unbekannte Welt machte mir echt Angst. Der Eingang zur Höhle war so niedrig, dass ich mich bücken musste. Dabei sah ich im Schein meiner Taschenlampe einige Knochen auf dem Boden liegen. *Bitte lass es keinen toten Vogel sein*, schickte ich ein Stoßgebet zum Himmel. Ich litt nämlich an einer Vogelphobie, die sich besonders ausgeprägt bei lebendigen Tauben und toten Vögeln jeder Art und Größe bemerkbar machte.

Der Höhlengang schlängelte sich durch das Felsgestein, er war hoch und so breit, dass wir bequem aufrecht und nebeneinander laufen konnten. Im Lichtkegel meiner Taschenlampe erkannte ich, dass der Boden unter mir ziemlich ausgetreten war. Es roch modrig und wurde immer kälter.

Nach etwa 50 Schritten – ich musste mich ablenken, um nicht auszurechnen, wie tief wir in den Berg hineingegangen waren – hockte Karsten in eine Nische und wies mit seiner Taschenlampe auf zwei Gefahren hin: Ein hervorstehender Felsbrocken hing von oben herab und machte den Gang niedriger. Danach machte der Weg einen Knick von fast 90 Grad.

Dahinter lag die Höhle. Im Lichtschein von 15 Taschenlampen wirkte sie gespenstisch und unreal. Dem Lichtschein nach zu urteilen hatte die Höhle einen Durchmesser von etwa 20 Metern. Zu einer Seite hin schien der Boden ziemlich eben zu sein, auf der anderen Seite lagen große und kleinere Felssteine und Brocken herum. Vielleicht war die Höhle etwa 5 Meter hoch, aber das war bei dem Licht wirklich schwer zu schätzen.

Nachdem Gerda und ihre beiden Assistenten einige Teelichter angezündet und verteilt hatten, knipsten wir alle Taschenlampen aus. In der Mitte der Höhle bildeten wir einen Kreis, fassten uns an die Hände und sangen mehrere Lieder.

„Mutter Erde, Mineralwelt, wir danken dir, dass wir heute hier sein dürfen", sagte Gerda. Während wir anschließend schwiegen, war nur das gleichmäßige Tropfen von Wasser zu hören.

„Jetzt nimmt jeder auf seine Art Kontakt mit der Höhle auf", beendete Gerda die kleine Zeremonie und entließ uns aus dem Kreis.

Ich suchte mir eine ruhige Stelle und strich mit beiden Händen über das kalte Gestein.

„Sei willkommen", nahm ich den Gruß des Felsens wahr.

„Bitte", wünschte ich mir, „lass mich hier heil wieder rauskommen."

„Das liegt an dir."

Von wegen! Liegt es etwa an mir, wenn es Erdstöße geben sollte und ich hier verschüttet werden würde?!

„Hab' Vertrauen", schien die Höhlenwand vor mir weise zu lächeln.

„Holt jetzt euer Gepäck in die Höhle und sucht euch einen Sitzplatz", forderte uns Gerda auf.

Vorsichtig lief ich auf das fahle Licht am Höhleneingang zu und war froh, für einen Moment wieder im Freien zu sein.

„Nur keine Angst", sagte das hohe Felsmassiv, als ich mich zweifelnd fragte, ob ich heute Nacht überhaupt ein Auge zubekommen würde.

„Bitte nach dir", gab ich jedem aus der Gruppe bereitwillig den Vortritt, nur um meine Zeit in der Höhle so kurz wie möglich zu halten.

„Ich bin der Letzte, der in die Höhle geht", duldete Frank keinen weiteren Aufschub und drängte mich zum Aufbruch.

Mit immer stärker werdendem, mulmigem Gefühl nahm ich meinen Rucksack und folgte den anderen durch den Höhleneingang.

Nach einigen Versuchen fand ich in der Höhle einen kniehohen Felsbrocken, auf welchem ich problemlos wie auf einem Hocker sitzen konnte, ohne dass mich etwas am Po drückte. Für den Rucksack fand ich einen geeigneten Platz zu meinen Füßen. Auf die fast gerade Sitzfläche legte ich eine Isomatte, und um die Nieren wickelte ich mir einen Schlafsack – peinlichst darauf bedacht, dass der nicht auf den feuchten Boden rutschte.

„Typisch", kommentierte Meini, nachdem ich auf meinem Sitzplatz endlich zur Ruhe gekommen war, und bemerkte, dass ich allein auf dieser Seite des Höhlenraums saß. Die anderen Frauen und Männer hatten es sich auf der anderen Seite der Höhle gemütlich gemacht. Sie hatten ihre Isomatten zusammengeschoben und teilten sich Schlafsäcke, Decken und Wärmflaschen.

„Du hättest wegen deines Knies dort sowieso nicht sitzen können", stellte Anrich sachlich fest, bevor ich mich wieder mit

Selbstvorwürfen hinsichtlich fehlender Gruppenkompatibilität bombardieren konnte.

Zu unserem frühen Abendbrot, das eigentlich mehr ein spätes Vesper war, verteilte Karsten belegte Brote und Frank heißen Tee. Trotz ihrer Stirnlampen gestaltete sich die Auswahl zwischen Brot mit Ziegenkäse oder Kuhkäse, Pfefferminz- oder Kräutertee zu Anfang wie eine Glückslotterie. Danach ging es zur Pullerpause in den Wald.

Der Himmel war grau in grau, und ich war froh zu wissen, dass die Anderen in Rufnähe hinter den Bäumen um mich herum hockten. *Ab jetzt trinke ich keinen Schluck mehr*, beschloss ich, während ich mich abwechselnd in eine Lage der Hosen und Shirts hüllte. Beim Gedanken, heute Nacht allein zum Pinkeln in den Wald gehen zu müssen, beschlich mich ein noch mulmigeres Gefühl. *Und in der Höhle pinkeln?*

Als wir alle wieder zurück in der Höhle waren, erzählte Gerda uns von der „Erdzählweise“, welche auf indianische Weise erklärt, wie die Welt geschaffen ist. Sie umfasst 20 Bewusstseinsebenen, beginnend mit der Null – dem leeren Raum – in dem Nichts ist und woraus alles entsteht. Dann folgt Großvater Sonne, Großmutter Erde, die Mineralwelt, die Pflanzenwelt, die Tierwelt, die Kraft der Menschen, Ahnen, Träume, Regeln und Gesetze, die Choreografie der Energiebewegungen, das Tor zum „Nagua“ ...

Anfangs versuchte ich noch, mir beim Schein der Taschenlampe einige Notizen in das Heft zu machen, welches ich auf meinen Knien balancierte. Mal hörte ich zu, mal schrieb ich. Um Batterien zu sparen, knipste ich die Lampe ständig an und aus. Weil es mir schwerfiel in Handschuhen den Stift ordentlich zu halten, wurde meine Schrift immer krakeliger. Als schließlich trotz der Winterstiefel und den dicken Socken die Kälte mir langsam von den Füßen her in die Knochen kroch, legte ich Stift und Heft beiseite, breitete die Isomatte auf den Steinen ganz aus und kroch in meinen Schlafsack. So lauschte ich Gerdas Stimme und schlummerte langsam mit der Vorstellung ein, ich sei ein Höhlenmensch, dem am Feuer Geschichten erzählt wurden.

„Ich zeige euch jetzt die möglichen Schlafplätze", holte mich Gerda in die Wirklichkeit zurück. „Achtet bei eurem Nachtlager darauf, dass es nicht von der Decke tropft."

Gerda ging durch die Höhle und wies mit ihrer Taschenlampe auf die verschiedensten Schlafmöglichkeiten. Es gab welche, wo mehrere Personen nebeneinanderliegen konnten, aber auch Einzelnischen, es gab welche in der Nähe oder weiter entfernt von der Gruppe.

Ich entschied mich für einen Einzelplatz in einer Nische, die sich in der Nähe der Anderen befand. Ich wusste, dass sich etwa drei Meter von meinem Kopf entfernt Juliane und 5 Meter von meinen Füßen entfernt Karola ihre Schlafplätze einrichteten. Eine Armlänge links und rechts von mir war Felsmassiv, und über mir hatte ich gerade so viel Platz, dass ich aufrecht sitzen konnte. *Das ist ein bisschen so, wie lebendig begraben zu sein*, schoss es mir durch den Kopf.

Als Erstes breitete ich meine präparierte Plane aus. Dabei achtete ich peinlich genau darauf, dass sie nicht knisterte. Gerda hatte uns nämlich extra darauf hingewiesen, dass nichts mehr die Nachtruhe stören würde, als das leiseste Knistern bei jeder noch so kleinen Bewegung. Darauf legte ich die beiden Isomatten übereinander und zum Schluss zog ich ein kleines Kissen aus dem Rucksack.

Was mache ich hier eigentlich?, fluchte ich leise vor mich hin. Mit der Taschenlampe in der einen Hand und sorgsam darauf bedacht, jeden direkten Kontakt mit dem Schmutz auf dem Boden zu vermeiden, gestaltete sich nämlich das Einrichten des Schlafplatzes mit der anderen Hand äußerst schwierig.

„Mein Licht ist weg", jammerte ich, als die Taschenlampe von dem Stein gerollt war, auf dem ich sie kurz abgelegt hatte, um einen Moment lang beide Hände frei zu haben, denn ich wollte die Schlafsäcke besser ausbreiten können. Die Lampe musste so blöd gerollt sein, dass sie sich selbst ausgeknipst hatte.

Ruhig, ganz ruhig, mahnte ich mich selbst zur Ruhe und tastete in die Richtung, wo ich die Lampe zuletzt abgelegt hatte. *Bitte steh' mir bei, wenn es nachher ganz dunkel ist*, flehte ich innerlich zum Himmel, denn noch tanzten in allen Richtungen die Lichter der Anderen durch die Höhle. Ich wollte gerade Juliane bitten, mir mit ihrem Lichtschein bei der Suche zu helfen, da fühlte ich die Taschenlampe unter meinen Fingern.

„Wer kommt mit aufs Klo?", hallte es durch die Höhle, dann sah ich, wie sich mehrere gespensterhafte Schatten in Richtung Höhlenausgang bewegten. Augenblicklich ließ ich alles stehen und liegen und eilte den Schatten hinterher.

„Ich mag noch gar nicht zum Schlafen hineingehen", flüsterte Ruth mir leise zu, als wir uns nach dem Besuch der Naturtoilette vor dem Eingang der Höhle trafen. Mittlerweile waren alle zwischen den Bäumen umherhuschenden Lichter in die Höhle verschwunden.

„Ich auch nicht", gab ich leise zurück.

Eine Weile standen wir schweigend im Nachtlicht des bewölkten Himmels und lauschten dem Rauschen der Bäume.

„Das muss schon immer ein magischer Platz gewesen sein“, flüsterte Ruth ehrfurchtsvoll.

„Ich bin froh, dass du da bist. Allein hätte ich Angst hier draußen“, gestand ich ihr ebenfalls flüsternd und genoss gleichzeitig diesen mystischen Moment, in dem alles um uns herum zu atmen schien.

„Du bist nicht allein“, orakelte Ruth.

Vielleicht macht mir genau das ja Angst?

Ich war zuerst in den Mumienschlafsack gekrochen und hatte dann den zweiten, breiter genähten Schlafsack darüber gezogen. Der Reißverschluss war noch gar nicht ganz zu, da schwitzte ich bereits. Also wurschtelte ich mich noch einmal aus beiden Schlafsäcken heraus, zog mir Skihose, Jacke und Pullover aus, rollte sie zusammen und legte sie mir unter den Kopf. Dann schloss ich erst den Mumienschlafsack, kletterte dann in den zweiten Schlafsack und zog diesen ebenfalls zu. Weil es auf Hüfthöhe über mir zu tropfen begann, breitete ich unter der Tropfstelle mein Regencape so geschickt über die Schlafsäcke aus, dass die herabfallenden Wassertropfen links und rechts von meinem Körper abperlen konnten.

Dann schloss ich meine Augen, knipste die Taschenlampe aus und wartete auf die Angst, die ich vor der Dunkelheit normalerweise hatte - aber sie kam nicht. Dabei war es hier in der Höhle stockdunkel. Es machte überhaupt keinen Unterschied, ob ich die Augen auf oder zu hatte. Doch die bedrohliche Angst vor der Dunkelheit kam einfach nicht. Im Gegenteil, hier in der Höhle gab mir die totale Finsternis ein tiefes Gefühl von Geborgenheit.

„Dunkelheit ist Nichts, und aus dem Nichts kann Neues entstehen“, vernahm ich die Worte ohne Stimme.

Ich genoss die Leichtigkeit dieser Erfahrung, bis plötzlich und mit aller Macht meine uralte Angst doch noch zuschlug. Es war die Angst vor dem Tod – die Mutter aller Ängste. *Wenn jetzt die Höhle einstürzt*, schoss es mir durch den Kopf und zeitgleich erinnerte ich mich an Bilder von verschütteten Bergleuten.

Ich geriet in diese seltsame Art von Panik, in der sich meine Gedanken in der Vorstellung verloren, wie es sein würde, wenn mein Leben ohne mich stattfand, oder wenn ich versuchte, die Unendlichkeit des Universums zu begreifen. Normalerweise hätte ich mich – zu Hause – mit Fernsehen abgelenkt oder laut gesungen, wäre ziellos durch die Gegend gelaufen, bis sich mein Pulsschlag und die Gedanken wieder beruhigt hätten. Aber nichts von alldem konnte ich hier in der Höhle tun, wenn ich nicht auffallen wollte.

Mein Herz raste. Die Körpertemperatur pendelte im Sekundentakt zwischen siedender Hitze und eisiger Kälte. Am liebsten hätte ich laut geschrien - aber mir blieb nur das Atmen. Darum konzentrierte ich mich, so gut es ging, auf das Ein- und Ausatmen. Zu rooftsen schien mir in dieser Situation vollkommen unmöglich, doch es gelang mir wenigstens, in meiner Vorstellung den imaginären Duschkopf über mir aufzudrehen, um heilendes Licht auf mich fließen zu lassen …

Die Panikattacken kamen in Wellen, und jedes Mal lief ich vor einer davon. Aber bald schon sah ich eine neue Welle auf mich zurollen. Irgendwann war ich so kraftlos, dass ich erschöpft innehielt und mich resigniert ergab. *Ist doch sowieso alles egal.*

Die nächste Welle kam. Sie erfasste mich, schleuderte mich hoch und ... anders, als ich es erwartet hatte, riss sie mich nicht mit sich fort. Im Gegenteil, sie rollte über mich hinweg. Erstaunt bemerkte ich, dass das Herumwirbeln mich nicht vernichtete.

Und als ich dann feststellte, dass die Wellen mich trugen, ließ ich mich entspannt auf ihnen treiben. Langsam, ganz langsam beruhigte sich die Panik in meinem Körper, bis ich wieder gleichmäßig atmen konnte.

Nach einer Weile sagte Meini: „Stell‘ dir vor, die Höhle stürzt jetzt ein."

„Und du bist unter Unmengen von Stein und Geröll verschüttet", setzte Anrich noch eins oben drauf.

Ich staunte noch mehr, als das hohle Gefühl der Angst, welches normalerweise mit dieser typischen Ganzkörperpanik einherging, nun einfach ausblieb. Ich verspürte nur ein leichtes Unwohlsein in der Bauchgegend. Jetzt war ich wieder in der Lage zu rooftsen, und erneut ließ ich das heilende Licht auf mich herabfließen …

Daraufhin machte sich ein wärmendes Gefühl von Vertrauen in mir breit. Für die Angst gab es jetzt keinen Platz mehr – worauf sie endgültig verschwand.

„Stell‘ dir vor, die Höhle stürzt ein und du bist unter Unmengen von Stein und Geröll verschüttet", versuchten Meini und Anrich gemeinsam das Spiel noch einmal aufzunehmen – mit demselben Ergebnis: Die Angst blieb weg!

Ich überlegte nun ganz bewusst, wie ich mich verhalten würde, wenn die Höhle einstürzen sollte.

„Alles, was passiert, hat einen bestimmten Grund", vernahm ich wieder die Worte ohne Stimme und im selben Moment dachte ich mit einem tiefen Gefühl von Sicherheit und Geborgenheit: *Warum sollte die Höhle ausgerechnet jetzt einstürzen?* Entspannt drehte ich mich auf die Seite, legte vertrauensvoll meine rechte Hand neben mir auf den Höhlenboden und lauschte dem gleichmäßigen Plätschern herabfallender Wassertropfen.

„Was auch passiert", sagte eine Stimme tief in mir, „du hast die Kraft, es zu bewältigen."

Während ich in den Schlaf glitt, erkannte ich, dass ich nur im Urvertrauen wirklich loslassen konnte. *Wenn in allen Dingen stets der Sinn lag, sich zu entwickeln, dann wuchs ich an dem, was mir widerfuhr.*

Donnerstag, 21. Juli 2010

„Guten Morgen“, riss Gerdas Stimme mich aus dem Schlaf. „Jeder verlässt in seinem Tempo den Schlafsack und wir treffen uns vor der Höhle.“

Das Display meines Weckers zeigte 7.00 Uhr. Wider Erwarten hatte ich ausgezeichnet geschlafen. Sogar meine Blase hatte die ganze Nacht über problemlos durchgehalten.

Als ich vor die Höhle trat, blinzelte ich in die Morgensonne und reckte an der frischen Luft meine steifen Glieder. Bei jedem Atemzug genoss ich es ganz bewusst, Teil der Natur zu sein. Alle meine Zellen waren beseelt von dieser unbeschreiblichen Nacht in der Höhle. Ich war stolz auf das überstandene Abenteuer und fühlte mich wie neugeboren. Ich spürte tiefe Demut. Glücklich hob ich mein Gesicht gen Himmel und flüsterte ergriffen „Danke“.

Dann suchte ich mir einen Baum für mein Morgengeschäft. Weil die Anderen ähnliche Bedürfnisse hatten, musste ich mich für ein ruhiges Plätzchen ziemlich weit von der Höhle entfernen. Eigentlich war ich im Wald immer ein Angsthase gewesen, doch nach dieser Nacht stiefelte ich mutig allein durch die Gegend.

Gefühlte zwei Kilo leichter gab ich meiner unbändigen Lust auf Bewegung nach. Inneren Impulsen folgend ließ ich beide Arme langsam auf und ab, hin und her schweben. Dabei nahm ich die Flächen zwischen meinen Fingern als bunte Schwimmhäute wahr, die sich zeitverzögert mitbewegten. Erst ließ ich nur meine Arme tanzen und beobachtete dabei das Farbenspiel an meinen Händen. Dann folgte mein ganzer Rumpf und später der ganze Körper. Anders als beim Qi Gong folgte ich diesmal nicht der Atmung, sondern den bunten Farbfahnen zwischen meinen Fingern.

„Lasst uns einige Übungen machen, um locker zu werden“, holte mich Gerda in die Realität zurück. Wir gingen, hüpften, reckten und streckten uns. Mal mit Partner, mal ohne, mal mit Mensch, mal am Baum. Zum Schluss bildeten wir einen Kreis, fassten uns an den Händen und sangen zwei indianische Lieder.

Abschließend sollte jeder visualisieren, wonach er sich im Grunde seines Herzens sehnte. Mir fiel nichts ein, denn ich war in diesem Moment wunschlos glücklich. Darum wünschte ich mir unzählige solcher glücklichen Momente.

Gerda erinnerte uns daran, dass der Weg zum Ziel unserer Sehnsucht nicht unbedingt leicht sein würde, aber dass die Kräfte uns immer unterstützten.

„Danke für diesen schönen Morgen. Danke für diesen neuen Tag. Danke, dass ich mit meinen Träumen zu dir kommen mag“, stimmte sie an – und ich sang inbrünstig mit.

„Bringt alle Sachen aus der Höhle“, sagte Gerda, nachdem wir den trockensten Krümel Brot und den letzten Schluck lauwarmen Tee bei einem kleinen Frühstück miteinander geteilt hatten.

„Anschließend gehen wir noch einmal gemeinsam hinein, um uns zu verabschieden.“

Wie gern wäre ich für einige Minuten ganz allein in der Höhle, dachte ich, als ich mich mit Rucksack und den beiden Isomatten durch den niedrigen Höhleneingang hinaus zwängte. Als ich kurz darauf bemerkte, dass sich die ganze Gruppe im Freien tummelte, log ich ungeniert: „Ich habe etwas vergessen“, und verschwand noch einmal im Eingang der Höhle.

Vor mir lag der dunkle Gang. Das Kerzenlicht im Hauptteil der Höhle war vom Eingang aus nicht zu sehen. So weit ich mich traute, versuchte ich, ohne Taschenlampe zu laufen. Die ersten Meter fielen mir mit den Resten des Tageslichtes noch leicht, dann tastete ich mich in Erinnerung an den Verlauf des Ganges vorsichtig weiter. Ab und zu knipste ich für einen kurzen Moment die Taschenlampe an, um zu sehen, wie der Weg vor mir beschaffen war. Während ich mich mutterseelenallein in vollkommener Dunkelheit vorsichtig voran tastete, erkannte ich die Parallelen zum wirklichen Leben.

Als Mensch irre ich durch die Welt, das ist die dunkle Höhle. Ich weiß, wo ich hin will, das ist die Haupthöhle, wo es Licht gibt. Ich habe eine Ahnung von dem Weg, das ist das tiefe Seelenwissen. Dank der Taschenlampe, das ist Roofts, als eine Art Meditation sozusagen, habe ich die Möglichkeit, mich zu orientieren.

Nach dieser Erkenntnis fühlte ich mich in der Dunkelheit des Höhlenganges so geborgen wie ein Baby im Mutterleib. Dieses unbeschreibliche Gefühl hatte fast etwas Mystisches.

Ich kannte mein Ziel. Ich wusste, dass die Anderen in Rufweite waren – ich war somit allein und doch nicht allein. Und ich hatte eine Taschenlampe. Es lag also in meinen Händen, wie und wann ich sie benutzen wollte. Das war wirklich ein erhebendes Gefühl, als ich erkannte, dass es in meiner Macht lag, Licht in die Dunkelheit zu bringen. *Das ist Macht im Sinne von Eigenverantwortung …*

Ich erreichte die Stelle im Gang, von wo aus der Kerzenschein aus der Höhle zu sehen war. Hinter mir verrieten tänzelnde Taschenlampenlichter, dass andere aus der Gruppe ebenfalls in die Höhle gekommen waren. Die Magie des Augenblickes war verflogen. Doch ganz, ganz tief in meinem Herzen hatte sie sich für immer eingebrannt.

Zum Abschluss versammelte sich die ganze Gruppe schweigend in der Höhle, und jeder nahm auf seine Art von der Mineralwelt Abschied.

„Danke für die unvergesslichen Erfahrungen“, sagte ich – Stirn und Hände an die kalte Höhlenwand gepresst. So, wie ich am Tag zuvor jedem den Vortritt beim Betreten der Höhle gegeben hatte, tat ich es beim Verlassen wieder.

„Ich gehe als Letzter aus der Höhle“, scheuchte Frank mich dem Sonnenlicht entgegen.

„Ich bin immer da“, sagte die Höhle zum Abschied zu mir. „Du bist jederzeit willkommen.“

Schweren Herzens trat ich in den hellen Tag.

„Während die Anderen dein Gepäck zum Auto tragen“, trat Gerda an mich heran, „suchst du bitte noch einmal den Bereich vor der Höhle nach Müll ab. Klopapier, Essensreste und Ähnliches sammelst du hier drin.“ Sie überreichte mir einen blauen Plastiksack.

„Klopapier?“, fragte ich pikiert.

„Ja. Ich glaube zwar nicht, dass du noch etwas finden wirst, aber sicher ist sicher. Wir wollen doch einen sauberen Platz hinterlassen.“

Die spinnt doch, zog ich naserümpfend los. *Ich räume den anderen doch nicht ihr Scheißpapier hinterher.*

„Ich helfe dir“, rief mir ein mannshoher Stock zu.

Ich hob ihn auf. Im Notfall konnte ich damit etwas aufpicken. Schnell flogen meine Blicke über den Waldboden, in der Hoffnung, keine Müllreste zu finden. *Wer bin ich eigentlich, dass ich das Klopapier anderer Leute entsorge?,* dachte ich entrüstet, als ich im Takt des Wanderstockes auf eine Anhöhe stieg. Plötzlich rutschte ich aus und fiel kopfüber in den Sand. „Verdammte Schei…“, fluchte Meini.

„... wie ein Pilger“, fiel Anrich ihm ins Wort.

Da erinnerte ich mich an eine Dokumentation über den heiligen Berg Kailash. Tatsächlich lag ich jetzt lang ausgestreckt wie ein Pilger vor dem Felsmassiv der Höhle - in der einen Hand den Pilgerstab, in der anderen ein Bündel.

„Einen Abfallbeutel“, korrigierte Meini konsterniert.

Amüsiert über die komische Situation brach ich in schallendes Gelächter aus, als das Felsmassiv in ruhigem Ton zu mir sagte: „Nimm dich nicht so wichtig.“

Heiter klopfte ich mir den Schmutz von der Kleidung und zog weiter nach Müll suchend durch den Wald in Richtung Parkplatz.

Fasziniert machte ich in einer Mulde halt, an deren Rand ein großer Baum stand. Der größte Teil seiner Wurzeln war vom Regen ausgespült worden und lud nun – wie eine kleine Höhle – zum Verweilen ein. In seinem Stamm glaubte ich, ein Gesicht zu erkennen – so, wie in dem Film „Pocahontas“.

Andächtig fuhr ich mit meiner Hand über die armdicken Wurzeln und bewunderte die Kraft der Natur. Meine Rechte auf dem Holz ruhend und die Stirn daneben gepresst, wollte ich mich mit dem Baum verbinden.

„Das macht man nicht mit einem Müllbeutel in der Hand“, wies Meini mich zurecht. „Der ist schmutzig und du bist somit unrein.“

„Das ist nur von Menschen gemachte Kopfkacke“, sagte der Baum freundlich. „Tu‘ das, was dir gefällt.“

Erleichtert schmiegte ich mich daraufhin zwischen die meterhohen Wurzeln, schloß meine Augen und spürte mich als Teil des Baumes. Frei von jedem Gedanken spürte ich im ganzen Körper ein wohliges Kribbeln und wusste, dass ich zum „großen Ganzen“ dazugehörte.

Ich hätte ewig so sitzen bleiben können, doch irgendwann konnte ich das ungeduldige Autohupen der anderen nicht länger ignorieren.

„Du weißt, wo du mich findest", sagte der Baum zum Abschied. „Ich bin immer da."

War ich wirklich nur einen Tag fort gewesen?, zweifelte ich auf der Rückfahrt zum Himde-Haus an meinem Zeitgefühl. Durch das Autofenster beobachtete ich vorübereilende Passanten und bemerkte in vielen müden Gesichtern Zeichen von Verbitterung. Hatten die Menschen gestern auch schon ihre Gespräche unterbrochen, sobald das Telefon in der Tasche den kleinsten Laut von sich gab oder ihren „Cafe to go" achtlos in sich hineingeschüttet, während sie über die Straße eilten? Hatten sie gestern auch schon mit einem Handy am Ohr ihre quängelnden Kinder beruhigt oder in Gruppen zusammengestanden, wobei jeder für sich eifrig mit seinem Daumen über das kleine rechteckige Gerät in seinen Händen fuhr, als ob sie miteinander im Wettstreit lagen? Als ich zwei Joggerinnen nachsah, die mit Ohrenstöpseln und Hüfttaschen verkabelt waren, und sich trotzdem miteinander unterhielten, drängte sich mir die Frage auf: *Ist das nun Multitasking oder eher Ablenkung?*

Wie konnten wir aufmerksam für den Augenblick sein und uns auf das konzentrieren, was wir gerade taten, wenn wir mehrere Dinge gleichzeitig erledigten? Wie konnte ich im Hier und Jetzt sein, wenn ich mich über das Gestern ärgerte oder voller Sorge vor dem Morgen war?

Achtsamkeit, Aufmerksamkeit, Innehalten – das waren momentan beliebte Themen in allen Medien. Manchmal dachte ich, je mehr Worte über etwas gemacht wurden, umso weniger Anwendung fanden sie am Ende in der Praxis. So gab es z. B.

unzählige Kochsendungen und noch mehr Kochbücher, teure Küchenstudios und ausgefallenes Kochzubehör, doch wie viele Menschen kochten denn wirklich noch selbst?

Die wenigen Stunden, in welchen ich mit der Natur auf du und du gewesen war, erschienen mir nun wie Jahre. Voller Dankbarkeit schickte ich gedankliche Grüße zu Gerda, Karsten und Frank, die im Auto vor uns fuhren. Durch ihre Arbeit hatten sie mir solch intensive Erlebnisse ermöglicht. Dann dachte ich liebevoll an Fred. Auch wenn er mit Schamanen nichts am Hut hatte, hielt er mir zu Hause den Rücken frei. Er finanzierte nicht nur mein Tun, sondern tolerierte es ohne „Wenn“ und „ Aber“.

„Danke, dass du mir diese Erfahrungen ermöglichst“, übersandte ich ihm telepathisch liebe Grüße.

***

Ich hätte mich gern nach unserer Rückkehr im Himde-Haus ein bisschen hingelegt, doch Gerda gab uns nur genügend Zeit, um zu duschen und Mittag zu essen. Ich wollte auf keins von beiden verzichten.

„Glaubenssätze“, begann Gerda unvermittelt, nachdem im Gruppenraum jeder wieder seinen Platz im Sitzkreis eingenommen hatte, „sind gebundene Energien. Wie ein riesiger Zaun um einen Garten, schränken sie uns auf unserem Weg ein. Die gute Nachricht ist“, Gerda machte eine verheißungsvolle Pause, „wir können einen Glaubenssatz wieder auflösen. Dazu brauchen wir weder das Wann und Wo seiner Entstehung noch den genauen Wortlaut. Allein das Gefühl, welches wir heute dazu haben, ist ausreichend.

Um einen Glaubenssatz aufzulösen, müssen wir uns dessen erst einmal bewusst sein. Wir müssen anerkennen, dass wir überhaupt einer Überzeugung aufgesessen sind. Dann bedanken wir uns dafür, dass der Glaubenssatz da war und uns begleitet hat. Und erst dann können wir ihn mithilfe von Auflösungssätzen wieder löschen."

Nachdem wir uns alle die Auflösungssätze notiert hatten, sagte Gerda: „Sucht euch einen Partner, geht mit ihm in die Natur und unterstützt euch gegenseitig beim Auflösen von Glaubenssätzen. Wenn ihr mehr als einen Satz loslassen wollt, dann arbeitet ihr einen nach dem anderen ab. Besonders hartnäckige Glaubenssätze können bis zu drei Mal hintereinander aufgelöst werden. Mehr macht keinen Sinn."

Ruth und ich bildeten ein Team. Wir verzogen uns mit unseren Aufzeichnungen an einen ruhigen Platz am Teich.

„Fängst du an?", fragte ich Ruth.

„Nein, du."

„OK", sagte ich. „Wenn du nicht willst."

„Ich will ja."

„Dann fangen wir mit dir an", entschied ich und setzte mich zu Ruths Füßen auf den Rasen.

Zeile für Zeile las ich ihr aus meinen Mitschriften die Auflösungssätze vor und sie sprach mir langsam nach. Weil Ruth nur ein Glaubenssatz einfiel, den sie auflösen wollte, waren wir bei ihr schnell fertig. Nachdem sie sich wieder gesammelt hatte, wechselten wir die Plätze.

In mir purzelten gleich drei Glaubenssätze durcheinander. Der erste: Das darf ich nicht. Der zweite: Ich vertraue niemandem, dann kann mich auch niemand enttäuschen. Und der dritte lautete: Ich bin verantwortlich für meine Kinder.

Kurz entschlossen begann ich mit der Auflösung des letzten Satzes.

„Geliebte Kräfte“, sprach ich mit geschlossenen Augen laut nach, was Ruth mir soufflierte.

Tatsächlich schien mir, als horche alles um mich herum auf. Die Bäume, die Steine, das Wasser, der Wind. Sogar die Vögel unterbrachen ihr Zwitschern.

„Ich, Kerstin, stehe hier und heute vor euch“, wiederholte ich feierlich, was Ruth mir vorlas.

„Vor mir und den anwesenden Zeugen und vor euch, lasse ich den Glaubenssatz los: ‚Ich bin verantwortlich für meine Kinder.‘

Ich danke für seine Unterstützung und Hilfe.

Ich lasse ihn aus freiem Willen los, denn für mein jetziges Leben ist er einschränkend. Er macht meine Möglichkeiten kleiner.

Er hat mir geholfen, zu der zu werden, die ich heute bin. Danke.“

Ich verneigte mich.

„Hiermit entlasse ich dich aus meinem Leben – ich lasse dich los“, sprach ich Ruth nach und hatte wirklich das Gefühl einer würdevollen Abschiedszeremonie.

Plötzlich erschien vor meinem inneren Auge ein Wanderer, der über seiner linken Schulter einen Stock trug, an dessen Ende ein geschnürtes Bündel hing. Aber der Wanderer machte keine Anstalten zu gehen.

„Geh‘“, bat ich ihn.

„Geh‘“, wiederholte ich fordernder.

„Geh‘“, schrie ich ihn schließlich an.

„Sicher?“, fragte der Wanderer ruhig.

„Ganz sicher", antwortete ich mit fester Stimme. „Du sollst gehen."

„Na gut." Er lüftete seinen Wanderhut, drehte sich um und zog von dannen. Mit seinem Verschwinden fiel mir eine riesige Last von den Schultern und ich atmete befreit auf.

Dann wiederholte ich weiter Satz für Satz, was Ruth mir vorlas: „Ich bin bereit, in mein Leben einzutreten. Aho.

Mit allem, was das bedeutet. Aho.

Geliebte Kräfte", sagte ich zum Schluss mit feierlicher Stimme. „Ich lege mein Leben in eure Hände. Aho."

Bei dem Glaubenssatz „Ich vertraue niemandem, dann kann mich auch niemand enttäuschen" dauerte die Auflösung wesentlich länger. Erst beim dritten Durchlauf und mit viel fließendem Licht aus dem imaginären Duschkopf über mir, fühlte ich, dass er sich aufgelöst hatte, sodass ich befreit durchatmen konnte.

„Den nächsten Satz mache ich alleine", sagte ich zu Ruth, die ungeduldig auf ihre Uhr schaute, weil sie unbedingt noch eine Zigarette rauchen wollte, bevor es Zeit wurde, zur Gruppe zurückzukehren.

Erkennen – bedanken – loslassen, erinnerte ich mich an die drei Bausteine, als ich die Auflösungssätze mit meinen eigenen Worten formulierte:

„Geliebte Kräfte. Ich, Kerstin, stehe heute vor euch, um den Glaubenssatz ‚Das darf ich nicht' aufzulösen. Dieser Satz hat mich bisher begleitet. Er hat mich geprägt und zu der gemacht, die ich heute bin. Dafür danke ich ihm von ganzem Herzen."

Als ich mich dankbar verbeugte, begriff ich plötzlich das ganze Ausmaß seiner Bedeutung. Ich war nämlich wirklich froh, dass ich so war, wie ich war. *Ohne diesen Glaubenssatz wäre ich vielleicht ein ganz anderer Mensch geworden!?!*

„Aber nun brauche ich dich nicht mehr", sprach ich den Glaubenssatz direkt an. „Du machst mich klein und schränkst mich ein. Du hinderst mich daran, mein Potenzial zu leben. Darum lasse ich dich jetzt los!"

Ich schleuderte den Satz mit solch einer heftigen Armbewegung von mir, dass er sich ganz schnell aus dem Staub machte.

„Geliebte Kräfte, jetzt übernehme ich die volle Verantwortung für mein Leben", redete ich weiter. „Ich lege mein Leben in eure Hände. Danke. Aho."

***

„So, ihr Lieben", wandte Gerda sich als Letzte in der Abschiedsrunde an Theo, Rudi und Benno. „Für euch geht unsere gemeinsame Zeit jetzt leider zu Ende. Uns", dabei zwinkerte sie uns Frauen geheimnisvoll zu, „erwartet morgen noch ein ganz besonderes Highlight. Es ist wirklich schade, dass ihr heute schon abreisen müsst, aber wir konnten das, was ich für morgen geplant habe, nicht anders unterbringen. Die Woche war einfach zu kurz. Sorry."

Als hätten die Männer sich abgesprochen, waren sie alle einen Tag später angekommen und mussten aus verschiedenen Gründen alle einen Tag früher abreisen.

Gerda bedankte sich bei ihren beiden Assistenten für deren hilfreiche Unterstützung und wir Frauen stimmten ihr mit einem kräftigen „Aho" zu.

Dann schaute Gerda jeden Einzelnen in der Runde an, während sie sprach: „Jeder ist sich in den vergangenen Tagen ein Stückchen nähergekommen und hat mehr über sich erfahren. Ihr habt Samen in euch gelegt, die ihr jetzt hegen und pflegen müsst, damit sie aufgehen und wachsen können. Geht nicht so hart mit euch ins Gericht, wenn es euch nicht schnell genug dabei geht – übt euch in Geduld. Sorgt gut für euch. Haltet im Alltag immer wieder kurz inne und nehmt bewusst einige Atemzüge." Wieder blickte Gerda zu den drei Männern. „Gibt es noch etwas, was ich Gutes für euch tun kann?"

„Alles Bestens", winkte Benno ab und gab kurz darauf zu: „Doch, manchmal habe ich bei allem, was ich tue, das Gefühl, ich gehe einen Schritt vor und zwei zurück."

„Das macht überhaupt nichts", antwortete Gerda gelassen. „Wenn du die Schritte zurück nutzt, um Anlauf zu nehmen."

Gibt es etwas, was Gerda für mich tun kann? Nein, das Heilungslied – mein Heilungslied – hatten wir im Laufe der Woche mehrmals gesungen, wie sie es mir nach dem Lehmbad angekündigt hatte. Dabei hatte ich mir den ungewohnten Text mithilfe von Eselsbrücken langsam eingeprägt. Ich bezweifelte allerdings, dass ich immer die richtigen Worte benutzte. Aber war das so wichtig? Zählte nicht allein das Bewusstsein, mit dem ich es tat? Beim Singen spürte ich jedes Mal, wie mich dieses Lied stärkte, und ich fühlte mich einfach gut dabei. *Sind das nicht die besten Voraussetzungen, um zu heilen?*

„Also, wenn du so fragst", gestand Rudi nach einer längeren Denkpause. „Ich habe in dieser Woche so viel gelernt und bin so voller Informationen, dass ich gar nicht weiß, wie ich alles in meinem Alltag integrieren kann. Das geht mir oft so. Ich habe unzählige Seminare besucht und kenne so viele Meditationsarten, Visualisierungstechniken, Körperübungen und Ähnliches. Wenn ich aber richtig down bin und es mir echt schlecht geht, dann weiß ich nicht, was ich tun soll. Dann fällt mir einfach nichts ein, was ich anwenden kann."

„Da empfehle ich dir, dein ‚Spiel des Lebens' zu spielen. Wie bei den Engelkarten schreibst du all die Dinge, die dir bisher geholfen haben und die dir guttun, auf kleine Zettel, die du wie Lose zusammenfaltest und in ein schönes Gefäß gibst. Das können Aktivitäten sein, die dir Freude machen, Glaubenssätze, die dich stärken, Sprüche, die dir gefallen, oder die Telefonnummer eines lieben Menschen.

In schlechten Zeiten ziehst du einen Zettel – in dem Bewusstsein, dass das, was darauf steht, genau das ist, was dir weiterhilft. Nachdem du das, was auf dem Zettel geschrieben stand, erledigt hast, faltest du den Zettel wieder zusammen und gibst ihn zu den anderen in das schöne Gefäß zurück – mischen nicht vergessen! Ich garantiere dir", orakelte Gerda, „bei diesem Spiel verlierst du nie."

„Tolle Idee", bedankte sich Rudi.

„Wenn ich mir was wünschen darf", sagte Theo zögerlich, „dann wünsche ich mir eine Entscheidungshilfe. Es fällt mir ziemlich schwer Entscheidungen zu treffen."

„Das wird auch immer komplizierter, je mehr Auswahl es gibt", pflichtete Gerda ihm bei. „Wenn du zum Beispiel die Wahl zwischen zehn verschiedenen Joghurts hast, und du entscheidest dich für einen ganz Bestimmten, dann weiß du genau, dass dir die anderen neun Sorten entgehen."

„Oder du probierst sie alle nacheinander", schlug Karsten vor.

„Genau", stimmte Gerda lachend zu. „Das gleiche Dilemma kannst du auf alle Bereiche des Lebens übertragen. Bei der Berufswahl, der Wahl des Urlaubsortes, der Wahl der Käsesorte, sogar bei der Wahl deiner Partnerin. Sobald es eine größere Auswahl gibt, du dich aber nur für eins entscheiden kannst, verursacht dir das eine Menge Stress. In uns gibt es nämlich eine Kraft, die dir, sobald du eine Entscheidung getroffen hast, suggeriert, dass du die anderen Möglichkeiten verpasst."

Theo nickte zustimmend. „Und was mache ich dagegen?"

„Dir dessen bewusst sein und gut auf dein Gefühl hören", antwortete Gerda.

„Was, wenn ich dem nicht traue?"

„Empfehle ich dir die altbewährte Talermethode."

„Du meinst ernsthaft, ich soll eine Münze werfen?", fragte Theo skeptisch.

„Ja", erwiderte sie. „Bevor du die Münze wirfst, legst du die Bedeutung von Kopf und Zahl fest. Dann formulierst du die Frage, für die du eine Entscheidung wünschst. Wenn du die Münze wirfst, sei dir bewusst, dass etwas Größeres wirkt. Und wenn du das Ergebnis siehst, achte genau auf dein Gefühl dabei. Fühlt sich das, was obenauf liegt, gut an, dann tue das. Hast du dabei ein unangenehmes Gefühl, dann tust du genau das Entgegengesetzte von dem, was die Münze dir gerade zeigt."

„Und das klappt?", zweifelte Theo immer noch.

„Ich habe damit immer gute Erfahrungen gemacht", antwortete Gerda und ermunterte Theo: „Probiere es aus!"

„Die Talermethode eignet sich übrigens auch hervorragend, um sich darin zu üben, auf sein Bauchgefühl zu hören", ergänzte Gerda. „Eigentlich wissen – oder besser fühlen – wir genau, was uns guttut, trauen uns nur meistens nicht, auf unser Bauchgefühl zu hören.

Bevor du die Münze wirfst, legst du wieder die Bedeutung von Kopf und Zahl fest und formulierst deine Frage. Wenn du die Münze wirfst, achte genau auf die leise Stimme in dir, die sich wünscht, wie die Münze fallen soll. Das ist dein Bauchgefühl."

In unser nachdenkliches Schweigen hinein schlug Gerda vor: „Lasst uns zum Abschluss noch einmal tanzen."

Das gleichmäßige Trommeln der indianisch klingenden Musik erinnerte mich an den Tanz zu Beginn der schamanischen Woche. Ich schloss meine Augen und war wieder der Adler, welcher im Grand Canyon an einer Felskante vor einer tiefen Schlucht stand. Aber anders als vor sechs Tagen stand ich dieses Mal absolut ruhig da und hatte keine Angst vor dem Abgrund.

„Flieg‘ los“, vernahm ich wieder die Worte ohne Stimme.

Ich atmete tief durch. Breitete meine Flügel aus, sprang und … flog.

Zu den Klängen des nächsten Musiktitels glitt ich durch die Lüfte. Vor meinem inneren Auge erschien mir noch einmal der Traum von damals im März. Ich war der Adler, der friedlich hoch oben am Himmel gleitend seine Kreise zog. Ich war frei. Ich schwebte über Felder, Wiesen und Wälder und beobachtete die anderen Vögel unter mir. Ich bemerkte Menschen. Aber anders als damals sahen sie mir diesmal interessiert zu.

Die Musik berührte mein Innerstes. Ich ließ los - ich schwebte durch die Lüfte ... durch den Raum. Das Gefühl von unendlicher Freiheit erfüllte mich und ließ mich vor lauter Glück weinen …

***

„Habt ihr Lust auf eine Gute-Nacht-Geschichte?“, fragte Anita, als wir ausnahmsweise schon um 22.00 Uhr in unseren Betten lagen.

„Gern“, antworteten Ruth, Irene und ich schläfrig.

„Kennt ihr die Geschichte von Neale Donald Walsh: Ich bin das Licht – Eine kleine Seele spricht mit Gott?“ [(10)]

Wir drei kannten sie nicht. Da stopfte sich Anita ein Kissen hinter den Rücken, um es sich in ihrem Bett bequem zu machen und begann wie eine Märchenerzählerin mit: „Es war einmal …

Es war einmal eine kleine Seele, die sagte zu Gott: „Ich weiß wer ich bin, ich bin das Licht!“

Gott bestätigte lächelnd: „Du bist das Licht.“

Nach einer Weile kam die kleine Seele wieder zu Gott, weil sie wissen wollte, wie es ist, das Licht zu SEIN.

„Du BIST das Licht“, erinnerte Gott sie.

Daraufhin begann die kleine Seele zu jammern, denn sie wollte unbedingt wissen, wie sich das anfühlte, ein Licht zu SEIN.

Gott erklärte der kleinen Seele, dass sich das mit dem Licht gar nicht so leicht unterscheiden ließ. Er sagte: „Du kannst den Schein einer Kerze ja auch nicht im Sonnenlicht erkennen.“

Weil die kleine Seele mit ihrem Wunsch jedoch nicht locker ließ, hatte Gott die Idee, ihr etwas Dunkelheit zu schenken, damit sie darin ihr Lichtsein besser wahrnehmen konnte. Und er erklärte ihr dazu, dass oft erst das Gegenteil von dem passieren musste, was man erfahren wollte.

Die kleine Seele dachte über das Gesagte nach. Dann wollte sie von Gott wissen, ob es denn in Ordnung wäre, wenn die Anderen sehen würden, dass sie etwas Besonderes sei, weil doch das Licht sich von der Dunkelheit deutlich absetzen würde.

Gott sprach: „Etwas Besonderes zu sein bedeutet nicht, besser zu sein. Jeder ist auf seine Weise etwas Besonderes.“ Weil das leider viel zu oft vergessen wurde meinte er: „Es wäre für die anderen sogar sehr gut, wenn sie sehen würden, dass sie, genau wie die kleine Seele, auch etwas Besonderes seien.“

Die kleine Seele überlegte wieder und wünschte sich dann, dass sie gern das Besondere wäre, das man Vergebung nannte.

„Du machst es mir wirklich schwer", erwiderte Gott kopfschüttelnd und erklärte ihr, dass es niemanden gab, dem sie etwas vergeben könnte, weil alle gleich heilig und rein waren.

Davon konnte die keine Seele sich selbst überzeugen, denn inzwischen hatten sich viele Seelen auf dem Platz eingefunden. Es hatte sich herumgesprochen, dass Gott dort ein interessantes Gespräch führte. Die kleine Seele sah, dass alle anderen Seelen um sie herum genauso hell leuchteten, wunderbar vollkommen und absolut perfekt waren wie sie selbst. Darüber wurde die kleine Seele ganz betrübt, denn wie sollte sie nun erfahren, wie es war, jemandem zu vergeben?

Da bot ihr eine freundliche Seele Hilfe an. Sie selbst wollte ins nächste Erdenleben der kleinen Seele kommen und ihr etwas Schlimmes antun, damit diese ihr dann vergeben könnte.

Die kleine Seele war über dieses Angebot völlig perplex. Sie konnte sich beim besten Willen nicht vorstellen, wie die freundliche Seele ihr etwas Schreckliches antun könnte, wo sie doch genau wie sie selbst, vollkommen rein war und voller Licht strahlte.

„Weil ich dich liebe", sagte die freundliche Seele, „werde ich meine hohe Schwingung verringern und mein Licht verdunkeln, sodass ich in der Lage sein werde, dir in deinem nächsten Erdenleben etwas Böses antun zu können."

„Du bist wirklich ein Engel, wenn du das für mich tun willst", antwortete die kleine Seele.

„Natürlich ist die freundliche Seele ein Engel", unterbrach Gott die Beiden. „Jedes Wesen ist ein Engel. Darum denke stets daran: Ich habe dir immer nur Engel geschickt."

Die freundliche Seele erzählte der kleinen Seele, dass diese irgendwann einmal das Gleiche für sie getan hatte, denn die beiden Seelen kannten sich schon viele Leben lang und hatten eine Menge miteinander erlebt. „Wir treffen immer wieder aufeinander und helfen uns dabei, das zu erfahren, was wir wirklich sind", sagte sie.

Die beiden Seelen verabredeten sich für das nächste Leben auf der Erde und nahmen sich fest vor, sich immer daran zu erinnern, wer sie wirklich waren – vollkommenes, reines Licht! Die kleine Seele versprach, dass sie nie vergessen wird, welch wundervolles Geschenk ihr die freundliche Seele machte und dass sie sich immer daran erinnern würde, ihr dafür dankbar zu sein – egal was passieren würde.

Dann schlüpfte die kleine Seele in ein neues Erdenleben. Sie war ein sehr leidenschaftliches und begeistertes Licht und so aufgeregt, weil sie sich darauf freute, vergeben zu können. Sie wartete sehnsüchtig auf die passende Gelegenheit, um sich darin zu üben und der anderen Seele für diese Erfahrung zu danken.

Wann immer eine neue Seele in ihrem Leben auftauchte – besonders dann, wenn diese sie ärgerte, sie unglücklich oder traurig machte, fiel der kleinen Seele ein, was Gott ihr mit auf den Weg gegeben hatte: „Denke stets daran: Ich habe dir immer nur Engel geschickt!"

Freitag, 22. Juli 2010

„Danke Maria, dass du heute wieder als Assistentin einspringst“, läutete Gerda den letzten Tag unserer gemeinsamen Schamanenwoche ein. „Es ist wirklich schade, dass die Männer nicht mehr mit dabei sind, denn eigentlich hatte ich für heute geplant, dass die Frauen ihren Animus und die Männer ihre Anima kennenlernen und verkörpern sollten. Leider verpassen die Männer nun die Gelegenheit, sich selbst und dem anderen Geschlecht neu zu begegnen. Damit bringen sie sich um eine wichtige Erfahrung. Ihr aber werdet dafür um eine Erfahrung reicher werden. Lasst euch überraschen.“ Gerda hielt versonnen inne und lächelte, als erinnerte sie sich an etwas ganz besonders Schönes. Dann fuhr sie fort: „Die Anima verkörpert im Mann alle weiblichen Seeleneigenschaften, wie zum Beispiel Gefühle, Stimmungen, Ahnungen, auch die Empfänglichkeit für das Irrationale, die Fähigkeit zu lieben, der Sinn für die Natur und die Beziehung zum Unbewussten.“

Gerda machte eine Pause, um das Gesagte in uns wirken zu lassen. „Der Animus verkörpert in der Frau männliche Eigenschaften, wie Initiative, Mut, Objektivität und geistige Klarheit. Anima und Animus tragen sowohl negative als auch positive Züge. Sind sie in uns gut integriert, dann verleiht die Anima dem Mann Inspiration und Gefühlstiefe, und der Animus gibt der Frau Kraft und Mut.

Ist das aber nicht der Fall, dann führt die Anima zu Reizbarkeit und Launen im Mann, der sich durch unrealistische Glücksbilder von der Welt isoliert. Eine Frau trägt den nicht integrierten Animus entweder als nicht hinterfragte Urteile und Meinungen mit sich herum, die sie laut und überzeugt äußert, oder aber als eine stille und unerbittliche Macht. Diesem Teil kann die Frau nur selten widersprechen, weil in ihrer Welt der Animus ja immer Recht hat."

Gerda wartete wieder einen Moment, bevor sie weitersprach: „Ihr habt heute das Glück, wegen der Abwesenheit der Männer, sowohl euren inneren Mann als auch eure innere Frau kennenzulernen und ihn bzw. sie einige Stunden lang zu verkörpern."

***

Ich holte meinen letzten Koffer aus dem Auto, in dem ich Männer- und Frauenkleidung mitgebracht hatte. Unzählige Tücher, bunte Röcke und dünne Armreifen breitete ich nun ebenfalls in unserem engen Vier-Bett-Zimmer aus, dass wir zum Frauenumkleideraum erklärt hatten, und dass inzwischen einem Theaterfundus glich. Weil jede von uns etwas mitgebracht hatte hingen hier mehrere Ballkleider, verschiedene Hüte, paillettenbesetzte Blusen, Absatzschuhe, Perücken, Ketten - einfach alles, was ein Frauenherz erfreute.

Ich war gespannt auf meine innere Frau. Seit Langem wünschte ich mir, einmal ganz auf Lady zu machen: in einer Seidenrobe, mit tiefem Dekolletè, halblangen Seidenhandschuhen und einem Hut mit großer Krempe. Außerdem gehörte auf jeden Fall viel Schminke mit dazu, sowie auffallende Klunker an den Ohren und eine Zigarette an einem langen Mundstück. Kurzum, ich wollte eine Frau sein, die ich im wirklichen Leben nicht war. *Ob das wohl meine innere Frau ist?*

Die Aufforderung, Männerkleidung mitzubringen, hatte mich einige Überlegungen gekostet. Schließlich hatte ich mich für Krawatten, Sonnenhut, Jackett, Herrenuhr, Aftershave, Taschenuhr und Geldbörse mit einem Dollar darin entschieden.

Diesen Stapel trug ich in den Gruppenraum, wo wir eine Ecke als Männerumkleideraum eingerichtet hatten.

Dann teilten wir Frauen uns in zwei Gruppen auf.

Zusammen mit Rita, Karola und Ursula ging ich im Umkleideraum für Frauen zuerst auf eine schamanische Reise zur inneren Frau.

„Fühlt die Unterlage, auf der ihr liegt", leitete uns Gerda an, nachdem wir uns mit unseren Matten zwischen den Betten verteilt hatten, die unter den vielen mitgebrachten Klamotten verschwunden waren. „Konzentriert euch auf die Atmung."

Ich ließ mich von ihrer Stimme führen und wunderte mich, dass mir keine attraktive Frau in einem eleganten Outfit erschien. Dafür nahm ich eine Höhle wahr, in welcher ein Feuerschein gespenstische Schatten warf.

„Geht mit eurer Aufmerksamkeit zu den Füßen und schaut was die Frau dort trägt", hörte ich Gerdas Stimme.

Was ist das?, erschrak ich heftig, als ich auf zwei kräftige, breite Frauenfüße blickte. *Ich will Schuhe mit hohen Absätzen*, wehrte ich mich gegen das Bild.

„Damit kannst du nicht fest im Leben stehen", erhielt ich zur Antwort von meiner inneren Stimme.

Lady ade!, dachte ich enttäuscht, als mein inneres Auge über feste Waden und einen mit Fell bedeckten Körper zu einem rußverschmierten Gesicht wanderte. In dem verfilzten Haar der Frau steckte ein Knochen als Zeichen mystischen Wissens. Mit Entsetzen erkannte ich die Höhlenfrau wieder, die mir gestern auf der schamanischen Reise begegnet war. Ich war zutiefst enttäuscht über meine innere Frau, denn ich hatte etwas ganz anderes erwartet. Deshalb dachte ich abfällig: *Für die finde ich bestimmt nichts Passendes im Fundus.*

„Ich bin Isafanta", begrüßte mich die Frau mit einem gütigen Blick und herzlicher Wärme.

Wie bei der gestrigen Reise stand sie in einer Höhle, in dessen Mitte ein Feuer brannte. Darüber hing ein Kessel, in welchem die Frau mit einem großen Holzlöffel rührte.

Nachdem ich wieder in der Realität unseres Zimmers angekommen war und den ersten Schock über meine innere Frau überwunden hatte, sagte ich mit bedauerndem Blick auf die schönen Kleider: „Ich brauche Felle."

Am Regal hing eine Pelzjacke. Während Rita, Karola und Ursula sich entsprechend der inneren Frau umkleideten, die sie eben auf der Reise getroffen hatten, zog ich mich bis auf den Slip aus, legte mir die Jacke über die linke Schulter und knöpfte sie unter dem rechten Arm zu. Gerda besorgte mir zwei Schaffelle, die ich mir mithilfe von Lederbändern um meine Waden band. Dazu setzte ich mir eine Perücke aus langem, schwarzem Haar auf meinen Kopf. Weil ich auf einen großen Kochlöffel bestand, besorgte Gerda mir einen besonders großen aus der Küche – fertig war Isafanta, die Höhlenfrau!

Da ich bei Isafanta so etwas wie magische Kräfte gespürt hatte, bastelte ich mir aus einem kleinen Stück Fell und einem langen Wildlederband einen Beutel für Steine, den ich mir um den Bauch band. Die Steine lieh ich mir von Anitas Nachttischchen.

„Los gehts", sagte Gerda.

Ich folgte ihr barfuß und mit festem Tritt. Neben mir ging Rita, die als Indianermädchen verkleidet war. Karola verkörperte eine Künstlerin und Ursula brillierte als Königin.

Wir kamen in den Gruppenraum, wo Irene, Anita, Ruth und Juliane in ihrer Männerkleidung fast nicht zu erkennen waren.

Wir Frauen standen in der einen Ecke und die Männer in der anderen Ecke des Raumes. Wir musterten uns scheu – das erinnerte mich sehr an meine Discobesuche als Teenie, zumal Gerda ein bisschen Musik aus der Konserve spielte, bei der jeder so vor sich hin tanzte.

Als wir uns nach einer Weile warm getanzt hatten, gingen wir über in eine Vorstellungsrunde. Dazu legte Gerda eine Decke auf den Boden, die eine Bühne darstellen sollte. Von hier aus sollte jeder den Anderen etwas über seine Person erzählen. Wie einer unsichtbaren Regieanweisung folgend, erhob sich eine nach der anderen aus unserer gemischten Runde und betrat mit solchen Bewegungen die Bühne, die der Verkleidung entsprachen.

„Ich weiß nicht, wie alt ich bin", hörte ich mich langsam und bedächtig sagen. „Aber ich bin sehr alt. Ich weiß nicht, wie viele Kinder ich habe, denn ich versorge alle in meiner Horde. Ich stehe in einer Höhle am Feuer und koche für alle Suppe." Dabei schwenkte ich den großen Holzlöffel. „Die Zutaten bekomme ich von dort", ich zeigte mit dem Finger in den Himmel. „Oder werden mir von den Mitgliedern meiner Horde gebracht. Meine Suppe ist eine kräftige Suppe mit magischer Wirkung."

Nachdem ich jeden Einzelnen zu meinen Füßen liebevoll angesehen hatte, fuhr ich fort. „Ich habe auch heilende Steine." Nun hielt ich den Beutel in die Höhe. „Die verteile ich an Bedürftige." Nochmals blickte ich jeden Einzelnen in der Menge vor mir an. „Ich muss nicht vor die Höhle gehen, denn ich werde mit allem versorgt, was ich brauche. Die Mitglieder meiner Horde achten mich und kommen gern zu mir. Ich bin wichtig für sie, denn ich versorge sie mit Suppe, und sie sind wichtig für mich, denn sie versorgen mich mit frischen Zutaten und dem neuesten Klatsch außerhalb der Höhle. So ist es ein Geben und Nehmen, denn wir sind alle Teile eines Ganzen."

Würdevoll schritt ich von der Decke und ließ mich ächzend – wie eine alte Frau – auf den Fußboden zwischen den Anderen nieder. Während ich den weiteren Vorstellungen aufmerksam lauschte, bemerkte ich, dass drei der „Männer" sehr unglücklich waren. *Denen würde ein bisschen von meiner Suppe guttun*, dachte ich mitfühlend.

Bevor Gerda nach der Vorstellungsrunde den CD-Player anschaltete, sagte sie: „Sucht euch jemanden, den ihr nachher auf einem Spaziergang besser kennenlernen wollt."

Ich tanzte unbefangen mit jedem „Mann", egal ob es ein Cowboy, ein Bauer, ein Trachtenjodler oder ein Maler war. Aber ich fühlte mich von niemandem besonders angezogen. Am liebsten hätte ich mich in eine Ecke gestellt und zugeschaut. Ich hätte gern gewartet, wer ein Interesse an mir zeigen würde und vorbeikäme. Und wenn keiner kommen würde, dann wäre das auch gut für mich, denn mich interessierte niemand besonders. Ich war zufrieden mit mir und meinem Kochlöffel, den ich munter im Takt in der Luft schwang. Ich fühlte mich wohl in meiner Haut und wollte einfach nur tanzen. Ich verspürte absolut keine Lust auf engere Kontakte – zu niemandem. Ich war glücklich mit mir allein. Dennoch traute ich mich nicht, mich diesem Gefühl ganz hinzugeben, denn in meinem Hinterkopf erinnerte ich mich an Gerdas Aufgabe. Darum geriet ich in leichte Panik, als sie ihre Aufforderung wiederholte, sich einen Partner zu suchen.

Kurz entschlossen bot ich deshalb zwecks Kontaktaufnahme, dem mir am nächsten stehenden Mann – es war der Maler – einen Löffel Suppe an. Er lehnte jedoch dankend ab.

Lächelnd wandte ich mich daraufhin an den Cowboy. Er schien sich nicht zu trauen, darum ermunterte ich ihn, den Löffel zu nehmen. Als er es nach einer Weile tat, bot ich ihm einen weiteren Löffel an. Den lehnte er jedoch ab. Weil in dem Moment ein Stein aus meinem Beutel fiel und ich das für ein Zeichen hielt, schenkte ich dem Cowboy den Kraftstein.

Zufrieden tanzte ich allein mit mir weiter, bis ich Gerdas Aufforderung zur Partnerwahl wieder hörte. Sofort hatte ich ein schlechtes Gewissen, weil ich die gestellte Aufgabe noch nicht erfüllt hatte. Ehe sich in mir das Gefühl des Versagens breitmachen konnte, ließ ich aus dem imaginären Duschkopf über mir Licht auf mich fließen …

Danach war es mir vollkommen egal, ob ich einen Partner hatte oder nicht.

OK, dachte ich neutral, als der Trachtenjodler Interesse an einem Spaziergang mit mir bekundete.

OK, dachte ich neutral, als er sich lieber für das Indianermädchen entschied.

OK, dachte ich auch neutral, als der Bauer mich um den Spaziergang bat.

Wir hatten jetzt eine Stunde Zeit, einander besser kennenzulernen. Weil es draußen ein bisschen windig war, nahm der Bauer eine Decke für mich mit. „Besser ist besser", sagte er, als er mir die Tür aufhielt. Es war sehr angenehm für mich, so aufmerksam versorgt zu werden.

Der Bauer führte mich zu einem kleinen Wäldchen. Zu meinem Erstaunen redete er ununterbrochen. Auch wenn er darüber kein einziges Wort verlor, hatte ich das Gefühl, dass er sehr einsam war. Früher hatte er einen Hof gehabt. Weil er jedoch den Tieren beim Brandmarken und Kastrieren nicht länger wehtun konnte, war er Ranger geworden und führte nun Reisegruppen zu besonders reizvollen Flecken in der Natur. Er schwärmte von Sonnenuntergängen und beschrieb die Schönheit der Bäume.

Eigentlich hätte ich ihm stundenlang zuhören können, aber Gerdas Aufforderung, den Spaziergang zu nutzen, um einander besser kennenzulernen, saß mir im Nacken und drängte. Irgendwann musste ich ihm von mir etwas erzählen! *Aber wollte er das überhaupt? Wollte ich das?* Eigentlich hatte ich keine Lust, ihm etwas über mich zu erzählen, aber Gerdas Aufgabenstellung verlangte es so. Darum wartete ich auf eine günstige Gelegenheit, um ihm ins Wort zu fallen.

„Ich kann gut wahrnehmen, was die Menschen um mich herum brauchen. Ich habe gute Außenantennen", sagte der Ranger und ich sah meine Chance gekommen, als er beim Luftholen etwas länger schwieg als sonst.

„Was ist mit den Antennen nach innen?", unterbrach ich deshalb seinen Redefluss.

„Antennen nach innen?", wiederholte er irritiert.

„Ja, du sagtest, du sorgst gut für andere Menschen, aber was ist mit dir? Wie sorgst du für dich?"

„Als Ranger bin ich für die Sicherheit der mir anvertrauten Menschen verantwortlich. Da stehen meine Bedürfnisse hinten an."

„Und was ist mit deinen Bedürfnissen als Mensch?"

Weil ich spürte, dass der Ranger tatsächlich keine Ahnung hatte, wovon ich sprach, erzählte ich ihm eine Geschichte: „In meiner Horde gab es einmal einen jungen, kräftigen Jäger. Er war der Erste, der morgens die Höhle verließ, und der Letzte, der am Abend heimkam.

Eines Tages fiel mir auf, wie müde und abgespannt er aussah. Ich beobachtete ihn eine Weile und bemerkte, dass er sich immer weniger Zeit nahm, um seine Suppe zu essen. Als ich ihn daraufhin ansprach, wehrte er ab und sagte, dass er genügend zwischendurch esse.

Der Jäger wurde immer dünner und schwächer. Manchmal konnte er seine erlegte Beute nicht mehr alleine tragen. Wieder sprach ich mit ihm und er antwortete gereizt, dass er keine Zeit für die Suppe habe, da er für die Versorgung der ganzen Horde verantwortlich sei.

‚Wenn du nicht genügend isst, wirst du krank', redete ich ihm ins Gewissen. ‚Und wenn du krank bist, kannst du nicht mehr auf die Jagd gehen und somit deine Aufgaben in der Horde nicht mehr erfüllen. Was ist dann mit deiner Verantwortung?'

‚Ich weiß', winkte er erschöpft ab. ‚Aber mir geht es gut.'

Wochen vergingen. Der Jäger schleppte sich kraftlos dahin, an das Jagen war längst nicht mehr zu denken. Als er sich wegen seiner körperlichen Schwäche sogar mit leichten Tätigkeiten innerhalb der Horde nicht mehr ablenken konnte, hatte er plötzlich genügend Zeit. Er begann wieder regelmäßig seine Suppe zu essen.

Was soll ich dir sagen? Ein kleines Wunder geschah! Der Jäger wurde schnell wieder stark und kräftig und brachte mühelos die schwerste Beute in die Höhle."

Ich schwieg.

Der Ranger wechselte das Thema: „Ich bin am liebsten allein. Es ist für mich ja auch viel zu schwer, eine passende Frau zu finden."

„Warum?", fragte ich ganz direkt.

„Wenn ich als Ranger auf Tour bin, kann ich mir nicht erlauben, einzelne Frauen näher kennenzulernen – da bin ich für die ganze Gruppe verantwortlich. Wenn ich freihabe, dann ziehe ich mich am liebsten allein in die Natur zurück. Frauen, die ich in meiner Freizeit treffe, gefallen mir nicht. Und Frauen, die mir gefallen würden, wenn ich auf Tour bin, sind unerreichbar."

„Wegen der Verantwortung."

„Genau."

Tolles Alibi, dachte ich, sagte aber nichts. In diesem Augenblick rief uns der Gong in den Gruppenraum zurück.

***

Nach der Mittagspause tauschten die Gruppen. Ich traf mich mit Rita, Karola und Ursula im Gruppenraum, wo Maria uns auf einer schamanische Reise zu unserem inneren Mann führte. Obwohl ich ziemlich aufgeregt war, folgte ich ihrer Stimme mit gleichmäßigen Atemzügen.

„Seht, wer in der Ferne auf euch wartet", freute sich Maria für uns.

Ein Indianer, dachte ich zufrieden, doch dann änderten sich die Konturen der Gestalt.

„Seht, was er an den Füßen trägt", hörte ich Marias Stimme.

Ich hatte nackte Füße erwartet - nun sah ich aber geputzte Schuhe, einen maßgeschneiderten Anzug, ein weißes Hemd, einen Spazierstock und einen passenden Hut. *So einen Lackaffen will ich nicht*, dachte ich enttäuscht und versuchte mir einen Indianer zu visualisieren. Die Gestalt vor meinem inneren Auge switchte zwischen Wunsch und Wirklichkeit, bis es dem Indianer zu bunt wurde und er zu mir sagte: „Nimm endlich an, was ist."

Damit verschwand er und zurück blieb ein schlanker, junger Mann mit offenem Blick und keckem Bärtchen im Gesicht.

„Ich bin Francesco", zwinkerte er mir lustig zu.

Wieder in der Realität angekommen, fand ich auf Anhieb in der Kleiderecke im Gruppenraum einen Anzug, der mir wie angegossen passte. Auch ein farblich abgestimmter Hut lag im Fundus. Francesco bestand außerdem auf Lackschuhe – und tatsächlich fand Maria im Haus ein Paar glänzende Schuhe für ihn. Ich band mir eine Fliege um, steckte mir ein Portemonnaie mit Geld ins Jackett und malte mir mit einem Kajalstift einen Oberlippenbart. Zum Schluss klatschte ich mir noch Aftershave auf beide Wangen.

Als Kerstin bereute ich das sofort, da alle, die den Raum betraten, wegen des starken Geruchs die Nase rümpften. Francesco hingegen lächelte darüber unbekümmert. Er nahm alles leicht und locker. *I'm singing in the rain, das* war sein Lebensgefühl – in mir. Ich versuchte sogar nach dem Song von Frank Sinatra zu steppen. Das klang mit meinen schwarzen Lackschuhen auf dem Parkett des Gruppenraumes echt professionell.

Während Gerda die Frauen in den Gruppenraum führte, fiel mir auf, wie schön sie alle waren. Ich wollte mit jeder ins Gespräch kommen. Ich verstand die Zurückhaltung der anderen drei Männer nicht und ermutigte sie mit einem fröhlichen: „Los Jungs, lasst uns tanzen gehen."

Als Kerstin wunderte ich mich, mit welcher Selbstsicherheit Francesco offenherzig auf jeden Menschen im Raum zuging. Gleich bei den ersten Klängen der Musik umtanzte ich alle Frauen.

Dann kam die Vorstellungsrunde. Ich stolperte voller Lebensgier auf die Decke. „Meine Damen", begann ich elegant und lüftete kurz meinen Hut. „Meine Herren“, jetzt tippte ich an die Hutkrempe. „Ich bin Francesco.“

Ich fühlte mich ungewöhnlich beschwingt und lebensfroh, und ich schaute aufgeschlossen und neugierig in die Gesichter der Frauen und Männer zu meinen Füßen. „Ich bin ein Lebenskünstler. Ich liebe das Leben. Es ist so schön. Es ist so voller Wunder. Ich liebe die wundervolle Schönheit. In allem. In jedem. Und weil es so viel zu genießen gibt, vergeude ich meine Zeit nicht mit Trübsal blasen und düsteren Gedanken. Das Leben ist so schön. Ich genieße es. Carpe diem. Meine Damen“, lüftete ich kurz meinen Hut. „Meine Herren“, tippte ich an die Hutkrempe.

Anschließend tanzte ich mit jeder Frau und hatte für jeden Mann ein freundliches Wort. Nur dem König ging ich aus dem Weg. Ihn hatte Francesco gleich zu Beginn unserer Verkleidung, als wir „Männer“ noch unter uns waren, in seiner humorvollen Art gefragt, ob er sein Schwert verschluckt hätte, weil er so steif dastünde. Der vernichtende Blick des Königs daraufhin, hätte Kerstin eingeschüchtert, Francesco hingegen ließ den König lächelnd stehen und beobachtete stattdessen vergnügt eine Amsel, die vor dem Fenster hin und her hüpfte.

Jede Frau gefiel dem Francesco in mir. Er fühlte sich aber zu keiner der Damen besonders hingezogen. Er hatte Spaß beim Tanzen und küsste jeder Frau zum Dank charmant die Hand. Von mir aus hätte es ewig so bleiben können, aber Gerda drehte die Musik leiser und sagte: „Geht jetzt in Kontakt mit einer Person, die ihr nachher auf dem Spaziergang näher kennenlernen wollt.“

Ein Schatten von Traurigkeit durchfuhr mich, weil ich mich nun für eine Frau entscheiden musste. *Warum denn 60 Minuten für eine Einzige, wenn ich in der gleichen Zeit alle vier Frauen kennenlernen könnte?*, dachte ich mit Bedauern. Ich war mehr an erfrischenden, kurzen 15-Minuten-Talks interessiert als an einer Stunde Tiefenpsychologie. Weil mir die Wahl echt schwerfiel, ließ ich die Frauen entscheiden.

OK, dachte ich neutral, als die Frau mit dem großen Umhang vor mir stand. Sie hatte in der Vorstellungsrunde zwar behauptet, sie würde mit ihrem Umhang das Bewusstsein der Menschen berühren, ich wurde aber das Gefühl nicht los, dass dieser Umhang ihr eher als Schutz diente. Um sie nicht bloßzustellen, vermied ich jedoch jedes Wort zu diesem Thema.

Ich bot ihr meinen Arm an. Sie hakte sich ein. Dann führte ich sie galant zur Haustür hinaus und schlenderte mit ihr in den Garten.

Unser Gespräch gestaltete sich stockend. Mir schien, als sei die Frau mit dem großen Umhang überhaupt nicht richtig anwesend. Darum verspürte ich wenig Lust, etwas von mir zu erzählen. Von ihr ging eine unbeschreibliche Schwere und Traurigkeit aus. *Die personifizierte Melancholie*, dachte ich erschüttert und hatte Mitgefühl mit ihr. Wie gern hätte ich ihr das Positive in allem gezeigt, aber sie war verschlossen und abweisend. Das Zusammensein mit ihr bereitete mir zusehends Unbehagen. Meine Unbeschwertheit und Leichtigkeit schienen mir in ihrer Gegenwart unangebracht und albern zu wirken.

Ich fühlte mich für den Ablauf des Spazierganges verantwortlich, darum übernahm ich die Führung durch den Garten. Dabei stellte ich als Kerstin fest, wie anstrengend das für einen Mann war. Weil die Frau mit dem großen Umhang noch immer schwieg, ich mich aber auch für die Durchführung von Gerdas Aufgabenstellung verantwortlich fühlte, erzählte ich ihr von einem Erlebnis, das mir gerade in den Sinn kam.

„Ich habe einen Freund, mit dem ich mich einmal im Jahr treffe. Er hat einen Hund, den er sehr liebt und der überall dabei ist. Bei unserem letzten Treffen waren wir so im Gespräch vertieft, dass mein Freund im Parkhaus seinen Hund im Auto vergessen hatte. Erst als wir Stunden später aus einem Restaurant kamen und ich ihn fragte, wo er seinen Hund angeleint hätte, bemerkten wir es. Sofort rannten wir in das Parkhaus zurück, wo mein Freund von seinem schwanzwedelnden Hund freudig begrüßt wurde."

Die Frau mit dem großen Umhang schwieg weiter. *Nutzt den Spaziergang, um euch näher kennenzulernen*, ging mir Gerdas Aufforderung nicht aus dem Kopf, darum fuhr ich fort, mit meiner Begleiterin in ein Gespräch zu kommen. „Ist es nicht bewundernswert, dass Tiere über die Gabe verfügen, nicht nachtragend zu sein?"

Die Frau an meinem Arm sagte kein Wort. Ich war unsicher, ob sie mich überhaupt verstanden hatte. „Stell' dir mal vor", versuchte ich es deshalb erneut und wandte mich direkt an sie. „Jemand vergisst dich oder lässt dich irgendwo stehen, und du hältst es dem anderen nicht vor, sondern freust dich einfach nur, wenn ihr euch das nächste Mal trefft." Ich war tatsächlich schwer beeindruckt von der Fähigkeit des Hundes.

Doch die Frau schwieg weiterhin.

„Nicht nachtragend zu sein, das ist etwas, was wir Menschen von den Tieren lernen können." Ich versuchte nun einen Balanceakt zwischen Smalltalk und anspruchsvollerem Gespräch. Doch leider gestaltete sich das mit dieser Frau äußerst schwierig. Am liebsten hätte ich sie einfach im Garten stehen gelassen – natürlich nicht, ohne mich vorher freundlich bei ihr zu verabschieden. Es gab so viele andere Frauen, mit denen ich sicherlich viel ungezwungener hätte plaudern können.

„Ich bin noch nie verwöhnt worden“, sagte plötzlich die Frau mit dem großen Umhang traurig. „Ich habe immer nur gegeben.“

„Das geht nicht lange gut. Nehmen und Geben sollten sich die Waage halten“, gab ich ihr freundlich zur Antwort.

Vielleicht hatte ich zu viel oder das Falsche gesagt, jedenfalls hüllte sich meine Begleiterin wieder in Schweigen. Vielleicht hätte ich auch lieber schweigen sollen, aber ich sprudelte schließlich vor lauter Lebensfreude über. Am liebsten hätte ich die Frau an den Händen genommen und wäre mit ihr über die Wiese getanzt.

Plötzlich lag auf dem Weg direkt vor unseren Füßen ein Schneckenhaus. „Mach es wie die Schnecke.“ Ich hob es auf und reichte es ihr. „Zieh dich von Zeit zu Zeit zurück und sorge gut für dich.“

Doch sie sagte nichts dazu.

Die 60 Minuten schienen in Zeitlupe zu vergehen. Ich bedauerte es, diese Stunde mit einer missmutigen Frau zu vergeuden, und blickte sehnsüchtig auf die anderen Paare im Garten, die sich angeregt unterhielten. Freudig grüßte ich ihnen zu, wenn sich unsere Wege kreuzten. Und jedes Mal, wenn ich meinen Hut lüftete, schien meine Lebensfreude ein Ventil gefunden zu haben.

Schließlich war ich so entmutigt, dass ich die Spaßbremse in die Küche führte, wo ich mit ihr schweigend Tee trank. Weil ich mittlerweile keinen Bock mehr auf Monologe hatte, konzentrierte ich mich auf die Tasse zwischen meinen Händen und schwieg ebenfalls.

Danach blieb immer noch etwas Zeit und wir gingen hinunter an den Teich. Dort standen wir einfach nur am Ufer und lauschten den Geräuschen der Natur.

Endlich rief uns der Gong in den Gruppenraum zurück. Ich fühlte mich unglaublich erlöst.

Kurz vor der Haustür konnte der Francesco in mir es sich nicht verkneifen und sagte zu der Frau mit dem großen Umhang: „Das Leben ist so kurz, und wir machen es uns mit unseren negativen Gedanken so unendlich schwer.“

Sie sah mich an, nickte kurz und sah durch mich hindurch.

***

Nach einem späten Mittagessen trafen wir uns abgeschminkt und wieder umgezogen zu einer Beckenschaukelübung im Gruppenraum. Mithilfe dieser Übung sollte sich der innere Mann mit der inneren Frau vereinigen können. Allerdings gestaltete sich diese leicht klingende Aufgabe für mich nicht ganz so einfach. Ich konnte mich noch so intensiv nach Gerdas Anweisungen bewegen, mein Kopf musste sich erst an den Gedanken einer Vereinigung der alten, weisen Höhlenfrau Isafanta mit dem jungen, smarten Francesco gewöhnen.

In der anschließenden Meditation gelang es mir zu Beginn ebenfalls nicht, alle überflüssigen Gedanken auf eine Wolke zu setzen und ihnen im Fortziehen nachzusehen. Erst meine volle Konzentration auf das Atmen beruhigte meinen Kopf: 1-2-3-4 einatmen ... 1-2-3-4 Atem halten ... 1-2-3-4 ausatmen ... 1-2-3-4 halten ... 1-2-3-4 einatmen ...

Langsam zerfiel in meinem Kopfkino die Vorstellung - die Beiden in mir zu vereinigen - und löste sich allmählich in Nichts auf. Daraufhin nahm ich wahr, wie Isafanta und Francesco so lange miteinander tanzten, bis sie ineinander verschmolzen.

Wieder einmal lüftete sich für mich ein Schleier. Die Erkenntnis berührte jede Zelle meines Körpers so intensiv, dass ich vor lauter Demut glücklich seufzte und mir lautlos Tränen der Freude über die Wangen liefen: Ich trug durch Isafanta in mir eine Quelle tiefen Wissens, aus der ich Francescos Leichtigkeit des Seins lebte!!!

***

Die Bettwäsche war längst abgezogen und die Taschen alle gepackt, als wir uns zur gemeinsamen Abschlussrunde im Gruppenraum ein letztes Mal einfanden. Ich war noch so überwältigt von meiner Meditationserkenntnis von vorhin, dass ich eigentlich nicht viele Worte darüber verlieren wollte. Weil aber alle vor mir lang und breit über ihre heutigen Erlebnisse berichteten, beschloss ich, auch ausführlicher von meinen Erfahrungen zu erzählen.

„Für mich war heute ein Tag der Ent-Täuschung“, begann ich, als der Redestein in meinen Händen lag, nicht ahnend, welche Bedeutung diese Aussage noch bekommen sollte. Begeistert erzählte ich von der Reise zu meiner inneren Frau und dem Spaziergang mit dem Ranger.

„Ich wusste überhaupt nicht, von welchen inneren Antennen die Höhlenfrau sprach“, unterbrach mich Ruth, die der Ranger an meiner Seite gewesen war.

„Das kann ich mir vorstellen“, sagte Gerda und wandte sich an mich: „Verantwortung haben, das steht bei den Männern an erster Stelle.“

Das hatte ich als Francesco ja selber gespürt, darum erwiderte ich: „Ist es darum nicht Sache der Frau, sie daran zu erinnern, gut für sich zu sorgen?“

„Das ist nicht deine Aufgabe. Du kochst die Suppe. Mehr nicht", antwortete Gerda knapp und deutlich.

Meine Begeisterung bekam einen Dämpfer. Ich schluckte beklommen.

„Ich habe mich sehr bedrängt gefühlt, als du mir die Suppe angeboten hast", sagte Anita, die der Cowboy gewesen war.

„Das ging mir genauso", stimmte ihr Irene, der Maler, zu.

„Männer wollen nicht bevormundet werden", sagte Gerda. „Niemand will das."

„Das ist doch keine Bevormundung", verteidigte ich mich kleinlaut. „Wenn ich jemandem Suppe anbiete, dann ist das ein Angebot, das mein Gegenüber annehmen oder ablehnen kann."

„Es hat mehr etwas von der Art, jemanden zu bemuttern. Und das schreckt Menschen eher ab, als dass sie sich davon angezogen fühlen. Die Höhlenfrau kocht nur Suppe", erklärte Gerda. „Du hast doch selbst gesagt, dass es eine ganz besondere Suppe ist." Dann fügte sie mit Nachdruck hinzu: „Deine Aufgabe ist nur das Kochen", wobei sie die letzten drei Wort besonders betonte.

Ich fühlte mich mies. Meine Begeisterung war verschwunden. „Ich habe meine Aufgabe nicht richtig gemacht", tadelte ich mich nach altbewährter Bratpfannenmethode. *Sollte ich wirklich n u r kochen?*

„Was heißt hier: n u r kochen?", rückte die Stimme in mir mein verschobenes Weltbild zurecht, in welchem das Kochen einen der hintersten Plätze einnahm. „Aufs Malen, Musizieren, Sport treiben, Studieren und Dichten kannst du verzichten. Aber nie, wirklich niemals, auf das Essen!"

Wie soll jemand von meiner Suppe erfahren, wenn ich sie nicht anbieten darf? Irritiert blickte ich in die stumme Runde. Trotzdem musste etwas Wahres an diesem Thema dran sein, denn immer wieder erlebte ich, dass meine Söhne sich manchmal von mir bedrängt fühlten, obwohl ich als Mutter doch nur „ihr Bestes" wollte. Ich schwieg zerknirscht. Mein Puls raste. Ich schämte mich so, weil ich die Aufgabe nicht richtig gemacht hatte.

„Wieder einmal hast du versagt", warf Meini mir resigniert vor.

„Einatmen ... ausatmen ... einatmen ...", erinnerte mich meine innere Stimme und ich folgte ihren Anweisungen. Langsam erkannte ich den Unterschied zwischen dem unverbindlichen Hinweis „es ist noch Suppe da" und der bemutternden Formulierung „du könntest etwas Suppe vertragen".

Jetzt musste ich Gerda sogar Recht geben, denn nichts hatte mich früher mehr genervt, als die Aufforderung meiner Mutter: „Mach die Winterjacke zu, es ist kalt draußen. Ich meine es doch nur gut mit dir, mein Kind."

Ich ärgerte mich, dass ich mal wieder mehr auf die Stimme von außen gehört hatte. Wäre ich nämlich meiner inneren Stimme gefolgt, so hätte ich Gerdas Aufforderung ignoriert und als Höhlenfrau zu niemandem beim Tanzen Kontakt aufgenommen – und damit niemandem Suppe angeboten. Hätte ich auf mein Gefühl gehört, hätte ich lieber in einer Ecke gestanden und zugeschaut. Das wäre in Bezug auf die Aufgabenstellung zwar falsch gewesen, aber ich hätte wenigstens auf m i c h gehört.

„Hätte, hätte, hätte", echote Meini.

Und Anrich gab noch einen obendrauf: „Hätte der Hund nicht gepisst, hätte er den Hasen erwischt."

Dumm gelaufen, verzieh ich mir wenige Atemzüge später selbst und wechselte das Thema.

Ich atmete noch einmal tief durch und dachte an Francesco. Sofort spürte ich seine Lebenslust und Leichtigkeit. Es war dieses Lebensgefühl von Sinatras *„I'm singing in the rain"*, welches mir gute Laune machte.

„An Francesco hat mir seine positive Lebenseinstellung gefallen", schwärmte ich begeistert. „Ich könnte sofort wieder zu tanzen anfangen, wenn ich an ihn denke. Mir hat gefallen, wie offenherzig er auf die Menschen zugegangen ist. Einfach toll." Ich spürte der Leichtigkeit in mir nach. „Anfangs dachte ich, Francesco sei oberflächlich. Aber damit war ich nur meinen eigenen Vorurteilen auf den Leim gegangen, die nach Äußerlichkeiten urteilten. Das Bewundernswerte an ihm ist die Lockerheit, mit der er die Dinge philosophisch betrachtet und sich den wichtigen Fragen des Lebens stellt. Bei allem, was er tat, spürte ich immer das bejahende Lebensgefühl von: I´m siiinging in the rain ...", trällerte ich.

„An wen erinnert er dich?", fragte Gerda in therapeutischem Ton.

„An niemanden", antwortete ich und überlegte, worauf sie hinauswollte. Alle schauten sehr ernst und ich bemerkte, dass ich im Gegensatz zu allen anderen im Kreis die Einzige zu sein schien, die mit ihrem inneren Mann zufrieden war. Anders als die anderen Frauen hatte ich keine Probleme mit meinem inneren Mann gehabt. Im Gegenteil: Er hatte mir einen ganz neuen Blickwinkel gezeigt und mich ein neues Lebensgefühl spüren lassen.

„Wer in deiner Familie war so?", forschte Gerda weiter nach.

„Niemand", antwortete ich unbekümmert. *Worauf will sie bloß hinaus?* „Zumindest weiß ich von keinem Lebenskünstler in meiner Familie. Ich bin so froh, Francesco kennengelernt zu haben. Unbeschreiblich, diese pure Lebendigkeit!" Heiter sah ich jede Frau in der Runde an. „Ihr habt es in den vergangenen Tagen ja mitbekommen, dass nicht gelebte Lebensfreude eines meiner Themen ist. Heute Morgen hat auf meiner Engelkarte ‚Freude' gestanden. Und ich bin so froh, dass ich dank Francesco jetzt ein Gefühl für dieses Wort bekommen habe." Glücklich spürte ich der Lebensfreude in mir nach.

„Auf mich wirkte der Francesco eher unzuverlässig und verantwortungslos", sagte Gerda ernst.

Mein Glückspodest bekam einen heftigen Fußtritt.

„Er schien sehr flatterhaft zu sein – mal hier, mal da. Wie jemand, der sich nicht an Absprachen hält und der keine Bindungen eingehen mag."

Mein Glückspodest wankte nun stärker.

„Ich möchte nicht mit solch einer Person zusammen sein", lautete Gerdas vernichtendes Urteil.

Mein Glückspodest fiel krachend um. Mir schien, als hätte mir jemand den Boden unter den Füßen weggezogen. *Wie konnte Gerda das zarte Pflänzchen der Lebensfreude in mir so mit Füßen treten?* Ich kämpfte mit den Tränen. Alle Freude war aus mir gewichen – jetzt schämte ich mich für meine Schwärmerei für Francesco.

Was passiert hier gerade?, versuchte ich in mich hineinzuspüren, während Wortfetzen der fortgesetzten Gesprächsrunde an mein Ohr drangen. *Bin ich tatsächlich so fehlprogrammiert, dass ich sowohl meine innere Frau als auch meinen inneren Mann total falsch verstehe?* Ich durchlebte pure Verzweiflung. Meine Scham potenzierte sich, als ich daran dachte, mit welcher Begeisterung ich über Isafanta und Francesco erzählt hatte, wo doch beide nur aus Fehlern zu bestehen schienen.

„Ich verstehe das gerade mal nicht", meldete ich mich mit zittriger Stimme. Mir war es in dem Augenblick völlig egal, wo sich der Redestein befand. „Mir geht es jetzt richtig schlecht", setzte ich nach und begann zu weinen. „Wie kann es sein, dass ich glücklich und zufrieden in eine Gesprächsrunde hineingehe und mich am Ende wie ein Häufchen Elend fühle?"

Alle schwiegen.

„Erkläre es mir bitte", schniefte ich in Richtung Gerda. „Ich habe tolle Erlebnisse mit meiner inneren Frau und meinem inneren Mann gehabt. Ich habe erhebende Erkenntnisse gewonnen und bin ganz in meiner Kraft gewesen. Ich erzähle in der Gruppe darüber und fühle mich danach wie ausgeschissen", sprudelte es aus mir heraus.

Immer noch lag nur das Schweigen der Anderen im Raum.

„Tief einatmen ...", erinnerte Meini.

„Tief ausatmen ...", erinnerte Anrich.

Ich rooftste und fragte anschließend ruhig und gefasst in die Runde: „Was ist falsch an Francesco? Was ist falsch an purer Lebensfreude? Warum müssen wir in allem immer nach Schwächen suchen? Warum können wir das positive Lebensgefühl nicht einfach so annehmen, wie es ist?

Wir leben in solch einer Negativität und müssen alles ausdiskutieren. Oder noch besser: in Büchern nachlesen, wie etwas zu sein hat. Dabei können wir noch so viele Bücher, zum Beispiel über Erleuchtung, schreiben und stundenlang darüber reden, ohne sie je zu spüren, weil wir eigentlich gar nicht genau wissen, wonach wir suchen. Denn es sind nur Worte – das zu Fühlen ist etwas ganz anderes."

In der Runde herrschte langes Schweigen.

„Francesco ist weder verantwortungslos noch unzuverlässig oder oberflächlich", begann ich erneut ganz ruhig und klar zu beschreiben, was ich meinte. „Er ist wie ein Schmetterling, der von Blüte zu Blüte fliegt und vom kostbaren Nektar nascht."

„Wie kann er sich ein Haus bauen, wenn er nur von Blüte zu Blüte fliegt?“, hielt Gerda trocken dagegen.

Diesmal schwieg ich. Auch wenn ich in meinem Kopf keine Antwort darauf fand, spürte ich im Herzen, dass der tiefere Sinn darin lag, vom kostbaren Nektar zu naschen.

„Ich muss hier raus“, murmelte ich und verließ fluchtartig den Gruppenraum. Ich war getrieben von dem unbändigen Gefühl, aus der Enge überholter Denkstrukturen und Glaubensmuster ausbrechen zu müssen.

Da purzelte eine Erkenntnis aus mir heraus: Ich werde meine Lebensfreude nicht verleugnen, nur weil andere Leute damit nicht umgehen können!

Aufgewühlt lief ich zu meinem Freund, dem Apfelbaum, umschlang seinen Stamm und stellte ihm die Frage, die mir auf den Nägeln brannte: „Warum hat Gerda sich so verhalten? Ich kenne sie als herzliche, feinfühlige und liebevolle Frau. Warum hat sie mir in dem Moment, als ich beim Thema Freude die ersten zaghaften Schritte machte, nicht hilfreich die Hand gereicht, sondern eher ein Bein gestellt?“

Der Baum antwortete mit Bedacht: „Lehrer, Therapeuten und auch Schamanen haben ihre eigene Geschichte - wie alle Menschen. Sie betrachten die Welt durch ihre Brille, und meistens gelingt es ihnen nicht, diese abzulegen. Wenn du also eine unbelastete Antwort über dich finden möchtest, dann komm in die Natur. Wir haben keine problembehaftete Geschichte, die unsere Blickwinkel trübt.“

„Wenn Francesco wie ein Schmetterling von Blüte zu Blüte fliegt und vom kostbaren Nektar nascht, wann baut er dann sein Haus?“, gab ich Gerdas Frage weiter, auf die ich auch keine Antwort wusste.

„Wozu braucht Francesco ein Haus, wenn er jederzeit in die Höhle gehen kann, wo es immer Suppe gibt!?“, beantwortete mein Freund die Frage mit einer Gegenfrage.

In diesem Moment spürte ich erneut in jeder Faser meines Körpers die Meditationserkenntnis vom Nachmittag: Ich trage in mir eine Quelle tiefen Wissens, aus der ich die Leichtigkeit des Seins lebe!

Isafanta und Francesco sind wirklich das perfekte Paar!

„Und die Fettnäpfchen unterwegs nimmst du einfach mit“, vernahm ich die Worte ohne Stimme. „Sie sind die wahren Lehrmeister.“

***

Wieder in meiner Mitte angekommen, ging ich innerlich gestärkt zum Haus zurück, wo die Anderen gerade Pause machten. Entspannt setzte ich mich mit einer Tasse Tee zu ihnen.

Danach fanden wir uns ein allerletztes Mal im Gruppenraum ein, hielten uns an den Händen und sangen zum Abschied:

Ich wünsch dir tiefen Frieden am Ende deines Tages,
dass dein Herz dankbar zurückschaut auf all dein Tun
und Sein.

Ich war in tiefem Frieden, als ich jede Frau zum Abschied in den Arm nahm. Wir gaben uns gegenseitig noch einige Worte mit auf den Weg – außer Emma, die war bereits am Morgen abgereist, weil sie kurzfristig eine erkrankte Kollegin vertreten musste. Mein Groll von vorhin war längst verflogen.

Gerda drückte mich kurz. Ich hatte den Eindruck, dass sie mich kaum ansehen konnte, als sie mir verlegen „Alles Gute" wünschte, und sich dann schnell von mir abwandte.

Sofort fühlte ich mich unwohl. Eigentlich hatte ich mich bei ihr für alles bedanken wollen, doch nun blieb mir mein Dankeschön im Hals stecken.

Mit einer Mischung von etwas falsch gemacht … jemanden verletzt … etwas nicht beendet zu haben – und dennoch frei von Schuld zu sein, schleppte ich mein Gepäck zum Auto. Inständig hoffte ich, Gerda noch einmal zu begegnen und kurz mit ihr über das Geschehene zu sprechen.

Meini wünschte sich klärende Worte.

Anrich fragte: „Wozu?"

Unschlüssig stand ich mit meiner letzten Tasche im leeren Zimmer, als sich plötzlich Rapunzel, die Himde-Haus-Katze, durch die angelehnte Tür schob, sich auf mein abgezogenes Bett legte und mich mit ihrem durchdringenden Blick wissend ansah. Ich erinnerte mich daran, dass Gerda erzählt hatte, sie würde sich oft mit Rapunzel unterhalten. Darum wandte ich mich wegen meinem unausgesprochenem Dank an die Katze, und sprach zu ihr wie zu einem Menschen: „Richte bitte Gerda aus, dass ich ihr für alles hier unendlich dankbar bin. Für alles!"

Als hätte Rapunzel mich verstanden, erhob sie sich daraufhin von meinem Bett und verließ das Zimmer genauso geräuschlos, wie sie gekommen war.

Danke!, rief ich ihr in Gedanken hinterher, denn nun fühlte ich mich wieder mit mir im Reinen.

Als ich mit dem Auto vom Parkplatz fuhr, erinnerte ich mich an den Traum von damals im März, in welchem ich mich so vehement dagegen gewehrt hatte, eine Schamanin zu sein.

Während das Himde-Haus-Anwesen im Rückspiegel langsam kleiner wurde, nahm ich mit tiefer Dankbarkeit ein allerletztes Mal Abschied.

Dann richtete ich meinen Blick auf die Straße, die wie meine Zukunft verheißungsvoll vor mir lag und dachte voller Freude: *Wenn Schamanen Menschen sind, die in dem Bewusstsein leben, dass alles mit allem und jeder mit jedem verbunden ist, dann bin ich eine Schamanin.*

Aho.

Hinweis der Autorin

Fühlst Du Dich von einer der Methoden, Übungen, Rituale oder Werkzeuge in diesem Buch angesprochen, dann möchte ich Dich ermutigen diese auszuprobieren – auch wenn ich Dir die erwähnte Wirkung nicht garantieren kann.

Wenn Du etwas davon anwendest, tust Du es in eigener Verantwortung. Weder die Autorin noch der Verlag übernehmen Haftung für eventuell auftretende Schäden.

Nichts von dem kann einen Arzt oder Heilpraktiker ersetzen, den Du bei Krankheiten und körperlichen Beschwerden stets konsultieren solltest.

Merkzettel Roofts

– eine Verwurzelungs-Anbindungs-Achtsamkeitsübung

Setze Dich bequem hin und stelle beide Füße auf den Boden. Schließe Deine Augen und spüre die Sitzfläche unter Deinem Po. Lege Deine Hände auf den Bauch, in der Höhe des Bauchnabels.

Lass jeden Gedanken zu, der kommt – jeden. Verdränge ihn nicht. Stell' Dir vor, Du setzt den Gedanken auf eine Wolke. Beobachte, wie diese sich bei jeder Ausatmung weiter von Dir entfernt.

Richte die Aufmerksamkeit auf Deine Atmung. Verfolge den Luftstrom, wie er beim Einatmen durch Deine Nase, die Luftröhre bis hinunter in Deine Lungen fließt – und dann, beim Ausatmen, wieder durch den Mund zurückströmt. Spüre, wie sich beim Einatmen der Bauch unter Deinen Händen hebt und beim Ausatmen wieder senkt.

Stelle diesen Vorgang auf Autopilot.

Gehe mit Deiner Aufmerksamkeit zu Deinen Füßen. Stell' Dir vor, wie unter Deinen Sohlen starke Wurzeln in fruchtbaren Boden wachsen und tief ins Erdreich ragen. Bei jeder Einatmung fließt durch die Wurzeln frische Yin-Energie. Sie fließt durch Deine Füße, Knie, Oberschenkel, durch Dein Becken bis zum Bauchnabel, wo Deine Hände liegen. Diese Energie kannst Du

z. B. als Farbe oder ein schönes Gefühl wahrnehmen. Du kannst sie aber auch als Wärme oder ein Kribbeln spüren. Und wenn da gar nichts ist, dann ist das auch in Ordnung. Allein das Bewusstsein um die weibliche Yin-Energie reicht aus.
Bei jeder Ausatmung gibst Du die verbrauchte Energie an den Boden zurück.

Stelle diesen Vorgang auf Autopilot.

Gehe mit Deiner Aufmerksamkeit zum Kopf und stell' Dir ungefähr einen Meter darüber eine Lichtquelle in Form einer Glühlampe oder eines Duschkopfs oder einer Sonne vor. Bei jeder Einatmung fließt daraus frische Yang-Energie über Deine Haare, Dein Gesicht, Deine Schultern, Deinen Oberkörper und Deine Arme bis zum Bauchnabel, wo Deine Hände liegen. Diese Energie kannst Du z. B. als Farbe oder ein schönes Gefühl wahrnehmen. Du kannst sie aber auch als Wärme oder ein Kribbeln spüren. Und wenn da gar nichts ist, dann ist das auch in Ordnung. Allein das Bewusstsein um die männliche Yang-Energie reicht aus.
Und bei jeder Ausatmung gibst Du die verbrauchte Energie an die Lichtquelle zurück.

Stelle diesen Vorgang auf Autopilot.

Gehe mit Deiner Aufmerksamkeit zu Deinen Händen, welche auf Deinem Bauchnabel liegen. Bei jeder Einatmung verbindet sich hier die frische Yin-Energie aus der Erde mit der frischen Yang-Energie aus dem Himmel. Stell' Dir vor, wie dieser Energiemix in jede Zelle Deines Körpers fließt und diese mit neuer, unverbrauchter Energie versorgt.

Bei der Ausatmung wird der verbrauchte Energiemix an Himmel und Erde, sprich dem Universum, zurückgegeben.

Bleibe in diesem Zustand, solange es Dir gefällt. (Wenn Du magst, kannst Du Dir sicherheitshalber einen Wecker stellen.)

Atme ein paar Mal richtig tief durch und komme mit Deiner Aufmerksamkeit zurück ins Hier und Jetzt. Rolle die Zehen, strecke Arme und Beine, rekel' Dich und öffne Deine Augen.

Quellen

Wir haben uns bemüht, alle Inhaber von Textrechten ausfindig zu machen. Sollten Rechteinhaber hier nicht aufgeführt sein, bitten wir diese, sich mit dem Verlag in Verbindung zu setzen.

(1) Rahel Varnhagen, *Ein Buch des Andenkens für ihre Freunde – Bd. 3*, Matthes & Seitz Verlag, München,1983, *S. 45*

(2) Oriah Mountain Dreamer, *Die Einladung*, Arkana, München, 2000

(3) Jeanne Ruland, *Krafttiere begleiten deinen Weg*, Schirner Verlag, Darmstadt, 2004, *S. 165, S. 56*

(4) Stanislav und Christina Grof, *Spirituelle Krisen,* Kösel-Verlag, München, 1990, *S. 10*

(5) Wolf-Dieter Storl, *Pflanzen der Kelten*, AT Verlag, Aarau, 2000, *S. 13*

(6) Marianne Williamson, *Rückkehr zur Liebe*, Goldmann Verlag, München, 1993

(7) Kurt Tepperwein, *Was dir deine Krankheit sagen will*, mvg Verlag, Landsberg, 2002, *S. 219*

(8) Dr. Frank Kinslow, *Quantenheilung*, VAK Verlag, Kirchzarten, 2009

(9) *Spirituelle Rituallieder*, zusammengetragen von Martina Tabery

(10) Neale Donald Walsh, *Ich bin das Licht – eine kleine Seele spricht mit Gott*, Edition Sternenprinz bei Nietsch Verlag, Freiburg, 1999

Danksagung

Ich bedanke mich aus tiefstem Herzen bei allen Menschen, die mir begegnet sind und mich bisher begleitet haben – und es noch immer tun.

Um die Privatsphäre zu schützen, habe ich alle Namen geändert. Diejenigen, die sich dennoch im vorliegenden Buch als Mitwirkende erkannt haben, bitte ich zu bedenken, dass es sich hierbei um meine ganz persönlichen Erinnerungen handelt und wir Menschen dazu neigen, Erlebtes zu beschönigen, zu verklären, zu verdrängen oder zu vergessen.

Mögest Du beim Lesen so viel Freude haben wie ich beim Schreiben.

Danke